りゃ行	ぴゃ行 みゃ行	ひゃ行 びゃ行	ち…行 にゃ行	…行 じゃ行	きゃ行 ぎゃ行	ぱ行
(りゃ) 랴	(ぴゃ) 퍄	(ひゃ) 햐	語中・語末 語頭 (ちゃ) 차 자	(しゃ) 샤	語中・語末 語頭 (きゃ) 캬 갸	(ぱ) 파
(りゅ) 류	(ぴゅ) 퓨	(ひゅ) 휴	(ちゅ) 추 주	(しゅ) 슈	(きゅ) 큐 규	(ぴ) 피
(りょ) 료	(ぴょ) 표	(ひょ) 효	(ちょ) 초 조	(しょ) 쇼	(きょ) 쿄 교	(ぷ) 푸
	(みゃ) 먀	(びゃ) 뱌	(にゃ) 냐	(じゃ) 자	(ぎゃ) 갸	(ぺ) 페
	(みゅ) 뮤	(びゅ) 뷰	(にゅ) 뉴	(じゅ) 주	(ぎゅ) 규	(ぽ) 포
(っ) 人 パッチム	(みょ) 묘	(びょ) 뵤	(にょ) 뇨	(じょ) 조	(ぎょ) 교	

네코

自分の名前や
日本の地名が
韓国語の文字（ハングル）
で書ける！

きりとり

ㅝ [wɔ]	ㅞ [we]	ㅟ [wi]	ㅢ [ɰi]
궈 クォ/グォ	궤 クェ/グェ	귀 クィ/グィ	긔 キ/ギ
눠 ヌォ	눼 ヌェ	뉘 ヌィ	늬 ニ
둬 トゥォ/ドゥォ	뒈 トゥェ/ドゥェ	뒤 トゥィ/ドゥィ	듸 ティ/ディ
뤄 ルォ	뤠 ルェ	뤼 ルィ	릐 リ
뭐 ムォ	뭬 ムェ	뮈 ムィ	믜 ミ
붜 プォ/ブォ	붸 プェ/ブェ	뷔 プィ/ブィ	븨 ピ/ビ
쉬 スォ	쉐 スェ	쉬 シュイ	싀 シ
워 ウォ	웨 ウェ	위 ウィ	의 ウィ
줘 チュォ/ジョォ	줴 チュェ/ジュェ	쥐 チュィ/ジュィ	즤 チ/ジ
취 チュォ	췌 チュェ	취 チュィ	츼 チ/ジ
퀴 クォ	퀘 クェ	퀴 クィ	킈 キ
퉈 トゥォ	퉤 トゥェ	튀 トゥィ	틔 ティ
풔 プォ	풰 プェ	퓌 プィ	픠 ピ
훠 フォ	훼 フェ	휘 フィ	희 ヒ
꿔 ックォ	꿰 ックェ	뀌 ックィ	끠 ッキ
뚸 ットゥォ	뛔 ットゥェ	뛰 ットゥィ	띄 ッティ
뿨 ップォ	쀄 ップェ	쀠 ップィ	쁴 ッピ
쒀 ッスォ	쒜 ッスェ	쒸 ッシュイ	씌 ッシ
쭤 ッチュォ	쮀 ッチュェ	쮜 ッチュィ	찍 ッチ

☑ ハングルを覚えるコツ

韓国語の文字＝ハングルは、ローマ字のように、「母音」と「子音」の組み合わせでできている。

> 例 ㄱ (k)＋ㅏ (a)＝가 (ka)

アルファベットを覚えるように、ハングルの母音と子音を覚えよう。

☑ カナダラ表の使い方

1. まずは基本母音10個を覚えよう
2. 平音の子音を9個覚えよう
3. 激音5個と濃音5個を覚えよう
4. 二重母音を11個覚えよう
5. 母音と子音を組み合わせて書いてみよう
6. ハングルの読み方がわからないときに見てみよう

ハングルは母音と子音の組み合わせだから、表全体を暗記する必要はないよ！

☑ 「한」「김」など 表にない文字の読み方は？

母音と子音の下につく「ㄴ」「ㅁ」などの子音を「パッチム」と呼ぶ。ルールを覚えれば読み方も簡単。

➡ パッチムの読み方はP68、P93〜111をチェック！

二重母音

ㅠ [yu]	ㅡ [ɯ]	ㅣ [i]	ㅐ [ɛ]	ㅒ [yɛ]	ㅔ [e]	ㅖ [ye]	ㅘ [wa]	ㅙ [wɛ]	ㅚ [w
규 キュ/ギュ	그 ク/グ	기 キ/ギ	개 ケ/ゲ	걔 ケ/ゲ	게 ケ/ゲ	계 ケ/ゲ	과 クァ/グァ	괘 クェ/グェ	고 クェ/
뉴 ニュ	느 ヌ	니 ニ	내 ネ	냬 ネ	네 ネ	녜 ネ	놔 ヌァ	놰 ヌェ	노 ヌェ/
듀 ティュ/ディュ	드 トゥ/ドゥ	디 ティ/ディ	대 テ/デ	댸 テ/デ	데 テ/デ	뎨 テ/デ	돠 トゥァ/ドゥァ	돼 トゥェ/ドゥェ	되 トゥェ/ドゥ
류 リュ	르 ル	리 リ	래 レ	럐 レ	레 レ	례 レ	롸 ルァ	뢔 ルェ	뢰 ルェ
뮤 ミュ	므 ム	미 ミ	매 メ	먜 メ	메 メ	몌 メ	뫄 ムァ	뫠 ムェ	뫼 ムェ
뷰 ピュ/ビュ	브 プ/ブ	비 ピ/ビ	배 ペ/ベ	뱨 ペ/ベ	베 ペ/ベ	볘 ペ/ベ	봐 ボ/ボ	봬 プェ/ブェ	뵈 プェ/ブ
슈 シュ	스 ス	시 シ	새 セ	섀 シェ	세 セ	셰 シェ	솨 スァ	쇄 スェ	쇠 スェ
유 ユ	으 ウ	이 イ	애 エ	얘 イェ	에 エ	예 イェ	와 ワ	왜 ウェ	외 ウェ
쥬 チュ/ジュ	즈 チュ/ジュ	지 チ/ジ	재 チェ/ジェ	쟤 チェ/ジェ	제 チェ/ジェ	졔 チェ/ジェ	좌 チュア/ジュア	좨 チュェ/ジュェ	죄 チュェ/ジ
츄 チュ	츠 チュ	치 チ	채 チェ	챼 チェ	체 チェ	쳬 チェ	촤 チュア	쵀 チュェ	최 チュェ
큐 キュ	크 ク	키 キ	캐 ケ	컈 ケ	케 ケ	켸 ケ	콰 クァ	쾌 クェ	쾨 クェ
튜 テュ	트 トゥ	티 ティ	태 テ	턔 テ	테 テ	톄 テ	톼 トゥァ	퇘 トゥェ	퇴 トゥェ
퓨 ピュ	프 プ	피 ピ	패 ペ	퍠 ペ	페 ペ	폐 ペ	퐈 プァ	퐤 プェ	푀 プェ
휴 ヒュ	흐 フ	히 ヒ	해 ヘ	햬 ヘ	헤 ヘ	혜 ヘ	화 ファ	홰 フェ	회 フェ
뀨 ッキュ	끄 ック	끼 ッキ	깨 ッケ	꺠 ッケ	께 ッケ	꼐 ッケ	꽈 ックァ	꽤 ックェ	꾀 ックェ
뜌 ッテュ	뜨 ットゥ	띠 ッティ	때 ッテ	떄 ッテ	떼 ッテ	뗴 ッテ	똬 ットゥァ	뙈 ットゥェ	뙤 ットゥェ
쀼 ッピュ	쁘 ップ	삐 ッピ	빼 ッペ	뺘 ッペ	뻬 ッペ	뼤 ッペ	뽜 ップァ	뽸 ップェ	뾔 ップェ
쓔 ッシュ	쓰 ッス	씨 ッシ	쌔 ッセ	썌 ッシェ	쎄 ッセ	쎼 ッシェ	쏴 ッスァ	쐐 ッスェ	쐬 ッス
쮸 ッチュ	쯔 ッチュ	찌 ッチ	째 ッチェ	쨰 ッチェ	쩨 ッチェ	쪠 ッチェ	쫘 ッチュア	쫴 ッチュェ	쬐 ッチ

日本語のひらがな・50音に対応！ 韓国語のあいうえお表

ば行	だ行	ざ行	が行	わ行	ら行	や行
ば 바	だ 다	ざ 자	が 가	わ 와	ら 라	や 야
び 비	ぢ 지	じ 지	ぎ 기		り 리	
ぶ 부	づ 즈	ず 즈	ぐ 구	を 오	る 루	ゆ 유
べ 베	で 데	ぜ 제	げ 게		れ 레	
ぼ 보	ど 도	ぞ 조	ご 고	ん ㄴ パッチム	ろ 로	よ 요

☑ 書くとき、ここに気をつけよう

1 「か行」と「た行」は語頭にくるか、語中・語末にくるかで表記が変わる
例 かよこ：가요코　りか：리카　秋田：아키타　高崎：다카사키

2 「ん」は「ㄴ」、「っ」は「ㅅ」の「パッチム」で表記する ※「パッチム」は母音と子音の下につく子音
例 れん：렌　けんた：겐타　いっさ：잇사　群馬：군마　鳥取：돗토리 ➡ パッチムについては、

3 「しょうた」「りょうこ」の「う」など、伸ばす発音は表記しない
例 しょうた：쇼타　りょうこ：료코　東京：도쿄　大阪：오사카

아이우에오

ま行	は行	な行	た行		さ行	か行		あ行
ま	**は**	**な**	**た** 語中・語末 語頭		**さ**	**か** 語中・語末 語頭		**あ**
마	하	나	타	다	사	카	가	아
み	**ひ**	**に**	**ち**		**し**	**き**		**い**
미	히	니	치	지	시	키	기	이
む	**ふ**	**ぬ**	**つ**		**す**	**く**		**う**
무	후	누	쓰	쓰	스	쿠	구	우
め	**へ**	**ね**	**て**		**せ**	**け**		**え**
메	헤	네	테	데	세	케	게	에
も	**ほ**	**の**	**と**		**そ**	**こ**		**お**
모	호	노	토	도	소	코	고	오

➡ くわしい書き方はP137をチェック！

のこと。
P68、P93〜111をチェック！

カナダラ表（「反切表」とも呼ぶ。ハングルの一覧表

子音 / 母音			基本母音						
			ㅏ [a]	ㅑ [ya]	ㅓ [ɔ]	ㅕ [yɔ]	ㅗ [o]	ㅛ [yo]	ㅜ [u]
平音	ㄱ (キヨク)	[k/g]	가 カ/ガ	갸 キャ/ギャ	거 コ/ゴ	겨 キョ/ギョ	고 コ/ゴ	교 キョ/ギョ	구 ク/グ
	ㄴ (ニウン)	[n]	나 ナ	냐 ニャ	너 ノ	녀 ニョ	노 ノ	뇨 ニョ	누 ヌ
	ㄷ (ティグッ)	[t/d]	다 タ/ダ	댜 ティャ/ディャ	더 ト/ド	뎌 ティョ/ディョ	도 ト/ド	됴 ティョ/ディョ	두 トゥ/ト
	ㄹ (リウル)	[r/l]	라 ラ	랴 リャ	러 ロ	려 リョ	로 ロ	료 リョ	루 ル
	ㅁ (ミウム)	[m]	마 マ	먀 ミャ	머 モ	며 ミョ	모 モ	묘 ミョ	무 ム
	ㅂ (ピウプ)	[p/b]	바 パ/バ	뱌 ピャ/ビャ	버 ポ/ボ	벼 ピョ/ビョ	보 ポ/ボ	뵤 ピョ/ビョ	부 プ
	ㅅ (シオッ)	[s]	사 サ	샤 シャ	서 ソ	셔 ショ	소 ソ	쇼 ショ	수 ス
	ㅇ (イウン)	[-/ŋ]	아 ア	야 ヤ	어 オ	여 ヨ	오 オ	요 ヨ	우 ウ
	ㅈ (ジウッ)	[tʃ/dʒ]	자 チャ/ジャ	쟈 チャ/ジャ	저 チョ/ジョ	져 チョ/ジョ	조 チョ/ジョ	죠 チョ/ジョ	주 チュ/ジュ
激音	ㅊ (チウッ)	[tʃʰ]	차 チャ	챠 チャ	처 チョ	쳐 チョ	초 チョ	쵸 チョ	추 チュ
	ㅋ (キウク)	[kʰ]	카 カ	캬 キャ	커 コ	켜 キョ	코 コ	쿄 キョ	쿠 ク
	ㅌ (ティウッ)	[tʰ]	타 タ	탸 ティャ	터 ト	텨 ティョ	토 ト	툐 ティョ	투 トゥ
	ㅍ (ピウプ)	[pʰ]	파 パ	퍄 ピャ	퍼 ポ	펴 ピョ	포 ポ	표 ピョ	푸 プ
	ㅎ (ヒウッ)	[h]	하 ハ	햐 ヒャ	허 ホ	혀 ヒョ	호 ホ	효 ヒョ	후 フ
濃音	ㄲ (サンキヨク)	[ˀk]	까 ッカ	꺄 ッキャ	꺼 ッコ	껴 ッキョ	꼬 ッコ	꾜 ッキョ	꾸 ック
	ㄸ (サンディグッ)	[ˀt]	따 ッタ	땨 ッティャ	떠 ット	뗘 ッティョ	또 ット	뚀 ッティョ	뚜 ットゥ
	ㅃ (サンピウプ)	[ˀp]	빠 ッパ	뺘 ッピャ	뻐 ッポ	뼈 ッピョ	뽀 ッポ	뾰 ッピョ	뿌 ップ
	ㅆ (サンシオッ)	[ˀs]	싸 ッサ	쌰 ッシャ	써 ッソ	쎠 ッショ	쏘 ッソ	쑈 ッショ	쑤 ッス
	ㅉ (サンジウッ)	[ˀtʃ]	짜 ッチャ	쨔 ッチャ	쩌 ッチョ	쪄 ッチョ	쪼 ッチョ	쬬 ッチョ	쭈 ッチュ

韓国語 1年生

楽しく続けられる！

ゼロからわかる！

ハングルノート加藤 著

ダイヤモンド社

韓国語をはじめて勉強するあなたへ

「K-POPの歌詞の意味がわかるようになりたい」
「あのアイドルが話していることをわかるようになりたい！」
「韓国旅行に行って、少し言葉が読めたり、話せたりするといいな」

　この本を手にとってくださった方は、韓国語に興味を持って、今まさに勉強したい気持ちで読んでくださっているかと思います。
　すでに何冊かパラパラと韓国語の本を読んだり、買ったりしたこともあるかもしれませんね。

　せっかく勉強しようと思って本を買ったのに、最初の数ページ読んだだけで、結局難しくて勉強が進まなかった、という経験のある人もいるのではないでしょうか。

　本書は韓国語を勉強しようと思い立った人はもちろん、「ちょっと韓国語の文字は覚えられないかも……」と思った経験がある人にこそ、ぜひ読んでほしいです。

▶最初の壁は「ハングル」

　韓国語の勉強を始めたとき、最初に立ちはだかる壁は韓国語の文字＝「ハングル」です。

　韓国語は英語の場合とちがって、まずアルファベットのようにハング

ルが頭の中に入っていませんよね。韓国語はハングルを1から覚える
必要があります。

「よーし、韓国語の勉強を始めるぞ！」
→「ハングルが記号にしか見えない！　無理！」
→「ハングルはいいから、とりあえずフレーズから覚えるか！」
→「フレーズが全然頭に入ってこない……」
→「ま、韓国語は今勉強しなくてもいいか」

　こんな感じで、買ってきた参考書が何冊もほこりをかぶってしまうの
はよくあることです（私もかつてそうでした）。
　結局、話せるのは「アンニョンハセヨ（こんにちは）」「カムサハムニ
ダ（ありがとうございます）」だけ。勉強をやめてしまう人も多くいま
す。

　何度も言いますが、**この本は、そんな人にこそ必要な
本です！**

　本書では僕の長年の失敗経験をもとに、「ハングルを覚える以前」の
ところから、ハングル、単語、フレーズを確実に頭に定着させる方法を
お伝えしていくので、ご安心ください。

▶7年間韓国語の勉強がまったく進まなかった僕の話

　今となっては韓国語の勉強本を書いている僕ですが、勉強を始めた
10年前は、まったく勉強が進まなくて、7年間ほぼ何も勉強していな
い時期もありました。
　なぜなら、勉強を進めるときに大きな落とし穴があったんです。
　それは次の5つです。

❶ 韓国語自体に興味を持てなかった

11年前、日本で同じシェアハウスに住んでいた韓国人の女性と交際スタート。彼女と韓国語で話したくて韓国語を勉強し始めたものの、思った以上に難しい。日本語が得意だった彼女に甘えてしまい、勉強もはかどらなかった。

❷ 韓国語を聞く耳がつくれなかった

単語を1つずつ覚えていたが、リアルな韓国人の発音を聞いてもまったく聞き取れなかった。

❸ 単語や文法のルールが頭に入ってこない

教材に書いてある単語や文法を覚えても、勉強を進めると最初に覚えたルールに反しているような内容が出てきたりする。そのつど、「なぜそうなるのか」「なぜこうならないのか」といちいち引っかかり、勉強が続かなくなってしまった。

❹ 聞き取れても、話せるようにはならなかった

旅行に関する韓国語がなんとなく聞き取れるようになったのは勉強を始めて6年目。でも話すことはできず、「はい（네ネ）」「いいえ（아니요アニョ）」「ありがとうございます（감사합니다カムサハムニダ）」の3つの言葉でその場をやり過ごしていた。

❺ 仕事と勉強が両立できなかった

韓国語学習歴6年目には起業したりなど仕事が忙しくなり、勉強との両立ができず、韓国語の勉強が完全に中断。仕事優先で勉強を二の次

にしていた。

　このような感じで、1年、2年と時が経つにつれて、当初のモチベーションはなくなって、ほとんど韓国語の勉強は停止してしまいました。
　なんだかんだで勉強を後回しにした結果、彼女と付き合っていた7年間、韓国語がまったく上達しませんでした。
　そして、悲しいことに、韓国語がまったく上達しないことも原因の1つで彼女にふられてしまいました……。

▷ 韓国語をものすごい速さで 習得していく人の共通点とは？

　僕は7年ぐらいまったく韓国語が身につかなかったのですが、周りには韓国語をすぐ話せるようになっている人もいました。
　なぜ韓国語をすぐに話せるようになる人と、僕のように身につくまで何年もかかってしまう人がいるのでしょうか。
　それは、**「韓国語自体が好きかどうか」** がポイントになります。

「韓国語の発音が好き」「韓国語の文字がかわいくて好き」「韓国語を聞いたり、見たりしている時間がとにかく楽しい」など、韓国語の勉強が苦ではなく、ただただ好きな時間を過ごしている、という人もいます。

　趣味のような感覚で、楽しく韓国語を勉強している人は、あっという間に韓国語を話せるようになっていきます。
　僕は正直なところ、韓国語をあまり好きになっていませんでした。

「好きこそものの上手なれ」
　本当にこれなんです。韓国語自体を好きになれたら、あっという間に韓国語を話せるようになるはずです。

5

▶ 目標が超大事！

ただ、韓国語の勉強を進めても、僕のようにあまり韓国語が好きになれないかもしれません。

そんなときは、「勉強する目標」＝韓国語を身につけてどうなりたいかがはっきりしていれば、挫折せずに勉強を継続できます。

僕の場合、韓国語自体は好きになれなかったのですが、僕をふった彼女との復縁を目指して、韓国語の勉強を始めてから7年で、ようやく本腰を入れて勉強を始めました。

そして、韓国語学習歴8年目にして初級レベルのTOPIK2級に合格。

彼女との復縁は残念ながら叶いませんでしたが、勉強のやる気はアップしていました。せっかくなら韓国語のレベルを上げたいと思い、その後、語学留学を決意。35歳のときに、渡韓して語学学校に通い始めました。

その結果、留学2年で語学堂（語学学校）最上級クラスの6級レベルを卒業することができたのです。

勉強を続けるには、きっかけも大切ですが、目標を立てて、それが叶った未来を想像することがものすごく大事なのだと実感しています。

・アイドルが話している言葉がわかったら楽しいだろうな
・ファンミーティングで、自分の言葉で思いを伝えられたらいいな
・韓国ドラマや映画を字幕なしで楽しめたらいいな

こんなふうに、「韓国語を使えるようになったら、こんな楽しいことが待っている」という明るい未来のイメージを持ち続けられれば、大変な勉強も乗り越えることができます。

▶ 長年の失敗を通して気づいたこと

　僕が7年間、どうして勉強が進まなかったのか。

　今振り返るとその原因がはっきりとわかります。

　それは、**韓国語を完璧に覚えようとしていた**、ということです。

　発音や文法を完璧に覚えたい。理解できないことを1つもないようにしたい。そう思っていたから、少しでもわからないことがあると、「なんか難しいな」と思ってしまって、勉強が進められなくなってしまっていたんです。

▶ 勉強を続けるために気をつけたい 2つのポイントとは?

　勉強をするときには、次の2つを意識することが大切です。

❶ 完璧に覚えようとしない

　言語の勉強はつまずきの連続。文字を覚えられない。発音を聞き取れない。発音ができない。その1つひとつを、完璧にこなそうとしなくていい。なんとなく覚えたものを、なんとなく使ってもいい。そこで間違えて気づけることがある。

❷ 「今すぐに全部理解できなくてもいい」と思うこと

　細かい部分に気を取られすぎて韓国語を嫌いにならないように、理解できない部分は、説明されたまま、書いてあるまま覚え、いったん勉強を先に進める。レベルが上がってくると、「あのときの引っかかりはこういうことだったのか」と理解できるようになる。

完璧を目指さないことが、勉強を楽しんで続けられる最大のポイントです。

▶とにかく、この1冊を読破してみて！

僕は韓国語がおおよそわかるようになるまで、約10年かかりました。

韓国語の勉強の大変さを重々わかっています。途中で挫折して、韓国語の勉強をやめていった方もたくさん見てきました。

だからこそ伝えたいんです。

無理やり勉強しないこと。
無理しない方法、自分に合う方法を探してみる。

本書の内容も完璧に覚えようとしないでいいです。

「やってみたら楽しかった！」「できたら楽しい！」というように、楽しみながら勉強を進めてください。

本書では、韓国語の勉強を始めたばかりの人が挫折しがちなポイントを、徹底的にわかりやすく解説しました。

韓国語の勉強をもっとしたくなる。そんなきっかけになる1冊になれたらうれしいです。

本書の構成

CHAPTER1 では、ハングルや発音など、誰もがつまずく６つの壁をお伝えします。この章を読むことで、韓国語に対する苦手意識がグッと減ります。

CHAPTER2 ではハングル以前、まずはカタカナでフレーズを覚えることから入って、単語、発音、文法を１つずつ丁寧に学んでいきます。後半の練習問題もぜひ挑戦してみてください。

CHAPTER3 ではおすすめの韓国旅行プランを紹介します。人気観光スポットの紹介はもちろん、旅行で使えるフレーズが満載です。**CHAPTER2** までで学んだ単語や文法を活かせます。読むだけで旅行している気分になりますよ。

CHAPTER4 では初心者がさらにレベルアップするための方法や、実際にどのくらい勉強するとどのレベルに到達するのかをお伝えしていきます。

本書の使い方

CHAPTER1 から読んでいただくのがおすすめですが、これから韓国旅行に行く予定がある人や、とにかく韓国の楽しさを知りたい人は **CHAPTER3**、語学留学や韓国での就職などについて興味のある人は **CHAPTER4** を先に読んでいただいても大丈夫です。

読むときに少し気をつけたいのが、**CHAPTER2** です。
この CHAPTER だけで 188 ページもあるので、一気に読もうとすると疲れてしまうかもしれません。
とくに、初心者がつまずきやすいポイントである「発音」を、とて

もていねいに説明しています。もし読んでいる途中に飽きてきたら、**CHAPTER3** にいきなり飛んで、あとから **CHAPTER2** に戻ってもらっても大丈夫です。

　できるかぎりわかりやすく書いていますが、1日10ページずつ、20ページずつ読もうなど、自分のペースに合わせて少しずつ読んでいただくのがおすすめです。

　速く読むことよりも、理解できるスピードで読むことを意識してください。

　なお、本書はほぼすべてのハングルにふりがなをふっています。最初はふりがなを読んでいただいてももちろん大丈夫ですが、慣れてきたらふりがなを見ずに読むようにしてみましょう。また、正しい発音を身につけるために、音声マーク  がついている箇所は、以下の【音声を聞く方法】を参考にして、音声を聞いてみてください。

音声を聞く方法

　この本の音声マーク がついている箇所は、音声をスマートフォン、パソコン、タブレットで聞くことができます。

　下記のサイトにアクセスするか、QRコードを読み取ってください。

https://promo.diamond.jp/books/korean/

※ご利用の端末（スマートフォン、パソコン、タブレット）の操作に関するご質問にはお答えできません。
※お客様のご利用中の端末やインターネット環境により、音声が再生できない場合は、当社は責任を負いかねます。
※通信費はお客様負担となります。

CONTENTS

CHAPTER 1
誰もがぶつかる6つの壁

CHAPTER 2
ゼロから韓国語が身につく!
9つのSTEP

パ イ ティン
파이팅!

ファイト!

CHAPTER
3

「行ったつもり」で会話力アップ！韓国旅行「妄想」ツアー

「具体的な目標」を決めて、レベルアップを目指そう！

誰もがぶつかる
6つの壁

第**1**の壁

避けては通れない「韓国語の文字」

▶ **記号みたいでワケワカラン！**

사랑은 돈으로 살 수 없다.
──愛はお金では買えない。

　冒頭の文章を見て、**「うわ！　なんにも読めない！」**と思ったあなた！安心してください。今はまったく読めなくても大丈夫です。

　そう、勉強を始めて最初にぶち当たる壁、それは**韓国語の文字＝「ハングル」**です。

　このハングルがなかなか読めるようにならなくて、挫折してしまう方も多いです。

「ハングルが文字ではなく記号にしか見えない」
「単語を覚えても、すぐに忘れる」
「ハングルで書かれたおやつのパッケージが、何も読めなくて悲しい」

　僕自身もハングルをはじめて見たときは棒線や円、四角が重なって文字というよりは記号の塊にしか見えず、ハングルを文字として見れるようになるまでかなり時間がかかりました。

　ハングルがよくわからなくて勉強をやめてしまう人もけっこういます。しかし、**ある法則がわかれば、かんたんに読めるようになる**のです！

▶ ハングルは「母音」と「子音」の組み合わせ

ハングルは下の図のように**「母音」**と**「子音」**の組み合わせでできています。

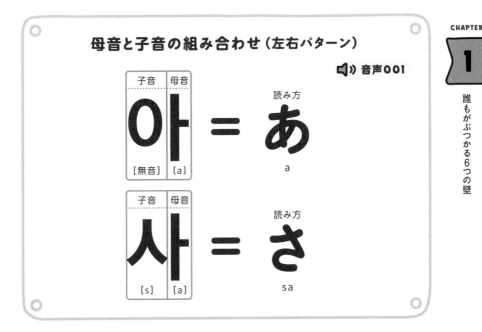

母音と子音の組み合わせ（左右パターン）

🔊» 音声001

母音は日本語でいうと「あ、い、う、え、お」の5つの音のことで、韓国語には「ㅏ」「ㅜ」「ㅑ」「ㅕ」など、10個の基本母音があります。

子音は「か、さ、た、な、は、ま、や、ら、わ」といった、母音以外の音を発するときにのどや口、鼻などを使ってつくる音のこと。

たとえば、「kまたはg」の音を持つ「ㄱ」や、「s」の音を持つ「ㅅ」や「m」の音を持つ「ㅁ」、発音しない「ㅇ」など、19個あります。

韓国語の母音と子音の組み合わせは左右、上下の場合があり、ローマ字のように組み合わせて1つの文字をつくっています。

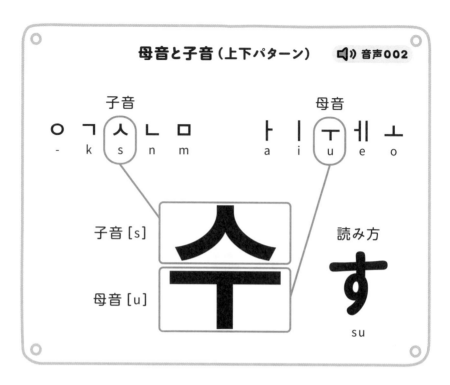

母音と子音をローマ字のようにつなげれば、かんたんに覚えることができるので、ここまではさほど難しくないですよね。

ではどこから難しく感じるのか。それは、日本語に比べると「文字のパターンが多い」ということです。

▶合成母音、パッチム……

ハングルは基本母音10個以外にも、母音が2つある「合成母音」が11個あります。

母音が2つあるというのは、次の図のように、「u」と「o」や「o」と「i」など、2つの母音を組み合わせて発音するという意味です。

ハングルの合成母音　🔊音声003

子音 m
母音
母音 u o

뭐 ＝ モォ

読み方
mwo

（uとoが組み合わさると、
発音は「wo」になる）

　母音、子音以外にも、**パッチム**という、子音と母音の組み合わせの下に書く文字が出てきます。

ハングルのパッチム（文字の下につく子音）
🔊音声004

子音 s　母音 a

산 ＝ サン

読み方
san

パッチム n

　子音と母音以外にこのパッチムがあるため、日本語のひらがなやカタカナに比べて覚える文字の数が多くなります。

　日本語は50音表や「が、ぎ、ぐ、げ、ご」といった濁音、「きゃ、きゅ、きょ」といった拗音（ようおん）など、100文字あまりの文字を覚えることで基本的にはすべての発音ができるようになります。

　一方で、韓国語は基本母音10個、子音19個、それぞれの組み合わせに合成母音やパッチムがつながり、なんと1万を超える文字

があります。

　これを聞いただけでちょっと気が遠くなりそうですよね……。

　でも大丈夫です。

　1万個以上の文字をすべて覚える必要はなく、10個の母音と19個の子音、11個の合成母音とパッチム（発音は7通り）を覚えれば、あとは組み合わせだけ。

　たった数十個を覚えるだけで1万を超えるハングルの文字をすべて読めるようになります。

　ハングルの母音と子音を一覧にしてわかりやすくまとめた、「カナダラ表」というものがあります。

　この表は、韓国の子どもたちがハングルを覚えるときに使っています。

　日本の韓国語初心者の方は、カナダラ表よりも、日本語のひらがな・50音に対応している表（巻頭の「韓国語のあいうえお表」）を見たほうがわかりやすいです。自分の名前を探して書いてみても楽しいですよ。どちらの表もこの本の巻頭に入れているので、ぜひ参考にしてみてください。

▶ ハングルは完璧に覚えなくても大丈夫！

　韓国語をどれだけ勉強した人でも、ましてやネイティブの韓国人ですら、ハングルの読み書きを間違えることがあります。

　「少しでも覚えられたらすごい！」と自分をほめてあげましょう。

　好きなアイドルの名前や歌詞を覚えるように、1つずつ覚えていけば大丈夫です。何度か見返していくことで忘れないようになります。

POINT

いきなり全部覚えようとしなくていい！
まずはハングルに慣れよう

単語はどうやって覚えればいいの?

▷ 身近な言葉から親しもう

みなさんは、英語で「はい (Yes)」や「いいえ (No)」は言えますよね。「いいね!(Good !)」や「幸せ (Happy)」などもわかるはず。

一方で、**韓国語で「はい」や「いいえ」だったり、「いいね」や「幸せ」は、勉強したことがある人でないとわかりません。**

英語は普段から身近に接しているのに対して、韓国語は日常でほとんど使わないので勉強しなければ覚える機会があまりないからです。

ただ、**まったく韓国語が日本に浸透していないわけではありません。**

たとえば韓国グルメの単語!

「キムチ」は有名ですね。ほかにも焼肉の「カルビ」や「タッカルビ」「トッポギ」なども韓国語です。ほら、意外と知っているでしょ!

▷ 日本語とほぼ同じ発音、同じ意味の単語がある

韓国語はハングルだけでなく、元々漢字が使われていたことから、**漢字由来の単語（漢字語）**も多く存在しています。

たとえば**日本語の「高速道路」は、韓国語と意味がまったく同じで「고속도로」（コソクドロ）と言い、発音までほぼ一緒です**。他にも「計算」は「계산」（ケサン）と言ったり、「市民」は「시민」（シミン）と言ったりします。

このように漢字が由来の単語が多くあるため、1つの覚え方として「市」という漢字は「시（シ）」と覚えることで韓国語の単語が覚えやすくなります。

たとえば「市場」は「시장（シジャン）」で、「市内」は「시내（シネ）」、地名の「〜市」と言いたいときも「〜시（シ）」と言えばいいだけです。

🔊 音声005

☑ 漢字由来の韓国語（漢字語）

高速道路	市民	計算	意味	運動	安心	約束
コソクドロ	シミン	ケサン	ウィミ	ウンドン	アンシム	ヤクソク
고속도로	시민	계산	의미	운동	안심	약속

▷「一」は「일（イル）」、「1つ」は「하나（ハナ）」

日本語の漢字には音読みと訓読みの2つの読み方がありますね。一方で韓国語の漢字語の読みは1つです。ただ、韓国語は**漢字由来の言葉と同じ意味を持つ韓国固有の言葉**もあったりします。

右の図を見てください。たとえば、「1（一）」を意味する漢数詞は、「일（イル）」と言います。同じ「1（1つ）」の意味を持つ固有数詞は、「하나（ハナ）」。このように漢数詞と固有数詞のちがいがあるんです。

ほかにも「ありがとうございます」も、漢字語と韓国固有の2通りの言い方があります。みなさんがよく知っている**「감사합니다（カムサハムニダ）」**は、漢字由来の言葉で**「感謝（감사（カムサ））」**という言葉からきています。

韓国固有の言い方の場合は、**「고맙습니다（コマプスムニダ）」**と言います。

「감사합니다（カムサハムニダ）」と「고맙습니다（コマプスムニダ）」のどちらも同じ「ありがとうございます」ですが、ちょっとしたニュアンスのちがいがあります。

どちらかというと、かしこまった場面で「감사합니다（カムサハムニダ）」を使うことが多く、仕事のメールでも「감사합니다（カムサハムニダ）」を使うほうがいいようです。

漢数詞 日にちや価格、時間（分）、電話番号などに使う		固有数詞 年齢や時間（時）、ものの個数、動物の数などを数えるときに使う	
1	イル **일**	1つ	ハナ ハン **하나 (한)**※
2	イ **이**	2つ	トゥル トゥ **둘 (두)**※
3	サム **삼**	3つ	セッ セ **셋 (세)**※
4	サ **사**	4つ	ネッ ネ **넷 (네)**※
5	オ **오**	5つ	タソッ **다섯**
6	ユク **육**	6つ	ヨソッ **여섯**
7	チル **칠**	7つ	イルゴプ **일곱**
8	パル **팔**	8つ	ヨドル **여덟**
9	ク **구**	9つ	ア ホプ **아홉**
10	シプ **십**	10	ヨル **열**

※固有数詞の1つ〜4つはうしろに単位がつくと、変化します。
例 1歳：한 살　2名：두 명　4個：네 개

　韓国語では、言葉の使い分けで悩む場面がけっこうありますが、まずは言葉の意味を理解できていればOK！　細かいことにこだわりすぎず、そのまま勉強を先に進めていきましょう。

POINT

初心者のうちは使い分けはそこまで気にせずに、
勉強を進めていこう

ハングルにふりがなを
ふってもいい？

▶ **慣れないうちは、ふりがなをふってもいい！**

少しずつハングルが見慣れてきましたか？

これなら勉強はもう安心だ！　という人にもう１つ鬼門が……。

ハングルを少しずつ覚えようとしているときに、実際に街中でハングルを見かけてもまったく読めないので勉強をあきらめてしまう……という現象が起きるのです。それはもったいない！

まだハングルの読み方に慣れていない場合どうすればいいか？

１つの方法として、**ハングルにふりがなをつけながら覚えていく**という手法がいいと考えています。

「え？　韓国語の単語を覚えるときにハングルの読み方にふりがなをふって覚えることは絶対にやめたほうがいい、と聞いたことがあるよ！」

と思わずツッコミを入れた方もいると思います。

　ふりがなを読んで韓国語を覚えていくと、日本語読みの韓国語になってしまうので、発音するときにもよくない。たしかにその通りだと思います。

でも読めない時期は、ふりがなをふってもいい！

というのが僕流の考え方です（この本にもふりがなをふっています）。

　ハングルの文字に慣れていないころから、ふりがなをまったくふらずにスタートするのはハードルが高いです。

　文字を見ても「これはなんだったっけ？」と立ち止まってばかり。せっかく買った教材が積ん読になるぐらいなら、ふりがなをふって読破しましょう。

　でも、ふりがなをふるときには次の2つに注意してください。

---

❶ ふりがなを見ながら読まない

❷ 日本語の発音で読まない

　それぞれ説明していきます。

❶ ふりがなを見ながら読まない

「ふりがなは読むために使うんじゃないの？」と思うかもしれません。最初はもちろんふりがなを見て大丈夫です。

　でも、**ふりがなは勉強を進めるための第一段階に使う、あくまで「サポート」のようなもの**。

　ふりがなばかり読んでしまうと、ハングルが覚えにくくなります。目線はハングルの文字を見ながら読み、**わからなくなってしまったときだけふりがなを見る**といいでしょう。

　そして読めるようになった文字は、ふりがなを消して読むようにすると、徐々にふりがなむなしでも文字が読めるようになっていきます。

❷ 日本語の発音で読まない

　次に気をつけたいのは、**ふりがなを日本語の読み方で読まない**ということ。

　「오」も「어」も、日本語のふりがなで書くと同じ「オ」ですが、日本語の「オ」に近いのは「오［o］」で、「어［ɔ］」の音は日本語にはない「オ」だからです。

　発音については CHAPTER2 の STEP3 でくわしく説明します。

　初心者向けにハングルの文字にふりがなをふっている本もたくさんあります。

　それぞれふっている「ふりがな」自体が少しちがったりするので、「どれが正しいの？」と思うかもしれませんが、最初のうちはとくに気にしないで進めてください。

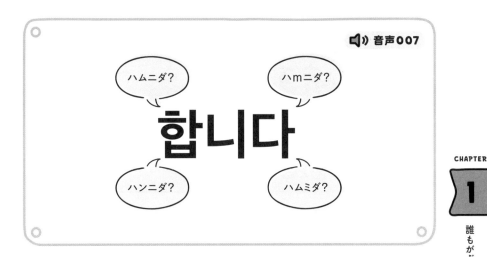

　これは、英語の「water」でたとえるとわかりやすいかもしれません。「ウォーター」と読んでも、英語圏の方に通じませんよね。これはカタカナを読んでしまっている状態で、似た音でふりがなをふるなら「ワラー」としたほうが英語圏の方には通じやすくなります。

　でもこの「ワラー」でも、カタカナをそのまま日本語風に読んでしまうと通じなくなるので、実際の water の発音に寄せる必要があります。

　韓国語の本にふってあるふりがなも同じで、合っていると言えば合っているのですが、韓国語で話すときは、そのまま日本語のように読んでしまうと、どのふりがなも韓国語の発音と少し異なります。ふりがなは参考程度にして韓国語の音に寄せて読むようにしましょう。

　この本の「音声マーク 🔊」があるところは、韓国語の音声が聞けるようになっているので、ぜひ聞いてみてくださいね。

> **POINT**
> ふりがなはあくまで参考程度に。
> 韓国語の音に寄せて読むようにしよう

日本語との文法のちがいでつまずく……

▶ 語順は日本語とほぼ同じ！

韓国語の語順、じつは日本語とほぼ同じなんです。
次の例を見てください。

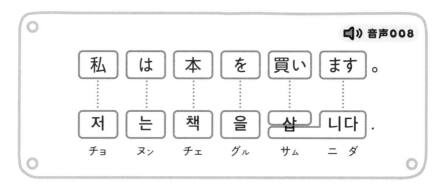

🔊 音声008

| 私 | は | 本 | を | 買い | ます | 。 |

| 저 | 는 | 책 | 을 | 삽 | 니다 | . |
| チョ | ヌン | チェ | グル | サム | ニ ダ | |

このように、韓国語は日本語と同じような語順のため、英語や中国語のような語順が異なる言語よりも、日本人にとっては覚えやすい言語といわれています。

でも、僕は覚えやすいとは思えませんでした。

似ているからこそ、「ちょっとしたちがい」が混乱を招くからです。

たとえば、日本語で「私は韓国ドラマが好きです」の「**〜が好きです**」と言いたいときに、韓国語で「私は韓国ドラマが好きです」というと間違いになります。正しい韓国語で言いたいときは、「私は韓国ドラマ**を**好きです」のように、「**〜を好きです**」と言わなければ正しい韓国語にはならないのです。

音声009

✕ 私は韓国ドラマが好きです。
저는 한국 드라마가 좋아합니다.
<small>チョ ヌン ハン グク トゥ ラ マ ガ チョ ア ハム ニ ダ</small>

⬇

◯ 私は韓国ドラマを好きです。
저는 한국 드라마를 좋아합니다.
<small>チョ ヌン ハン グク トゥ ラ マ ルー チョ ア ハム ニ ダ</small>

※韓国語の意味は「私は韓国ドラマが好きです」。

CHAPTER

1

誰もがぶつかる6つの壁

　でも、「お母さんは韓国ドラマが好きです」のように、自分ではなく相手の好きなことを伝える場合の、「〜が好きです」は「〜を好きです」ではなく、韓国語でも「〜が好きです」と言っていいのです。まぎらわしいですよね。

▷ 韓国の場合は、社内の人にも「様」をつける

　また、敬語の使い方にもちがいがあります。

　たとえば、日本では「母は家にいます」とは言いますが、「母は家にいらっしゃいます」とは言いません。

　でも、韓国語の場合は**自分の母親のことについて話す場合でも敬語を使うことが一般的**です。ビジネスや結婚相手のご両親、親戚などには「お母様は家にいらっしゃいます」と敬語で話します。自分の父親や祖父母について話すときも同様です。

　韓国は年上の方を敬う文化や、上下関係に厳しい文化が根づいており、それが言葉にも現れているんですね。

　また職場での呼称も注意が必要です。同じ社内の人同士の呼び方は、

31

日本は鈴木さんや佐藤部長と言いますが、**韓国は「鈴木太郎さん」とフルネームで呼んだり、「佐藤部長様」と様をつけたりするのが一般的**です。

そして、社外の方に社内の人を紹介する場合も異なります。

日本の場合、社外の方に社内の人を紹介するときは、「さん」を外して「鈴木」や「部長の佐藤」と呼び捨てになります。

一方、韓国の場合は、社外の方との会話などでも社内の人の呼び方は変わりません。敬語で話すことが一般的で、**「鈴木太郎様」や「佐藤部長様」のように同僚であっても「様」をつけます**。

このように、日本語と韓国語はちょっとしたちがいがあります。

日本語と韓国語は語順がほぼ同じなので、日本語のように韓国語を話せばいいかというと、そうではないことがけっこうあります。

文法や表現のちがいでつまずかないコツは、**何度も間違えていい**と思うことです。

最終的には、正しい韓国語の文法や表現を使って話せたほうがいいですが、はじめから細かい文法の使い方ができなくても大丈夫。意味が伝われば会話は成り立ちます。

たとえば、外国人が日本語を話すときに「お好み焼きを食べましたからお腹いっぱいです」「日本を好きだから日本語を勉強することになりました」のように、少し違和感のある日本語を話していたとしても、意味はわかりますよね。

少し違和感のある文法の使い方や多少の間違いがあったとしても、**「意味がわかる韓国語」**を使えるだけですごいこと。

相手にちゃんと伝わったこと、自分自身の成長をほめてあげることが話せるようになる近道です。

具体的な韓国語の文法解説は、CHAPTER2 の STEP6 で紹介しています。韓国語の文法や表現はたくさんあるので、1 つずつゆっくり覚えていきましょう。

そして、これだけは忘れないでください。

はじめから完璧を目指さず、間違えながらでも、少しずつ覚えていこう！

> **POINT**
>
> 日本語の文法≠韓国語の文法。似ているけれどまったく同じではないことを理解して、勉強を進めていこう

第5の壁　発音が難しい！どうすればうまくなる？

▶ 多くの人が勉強をあきらめてしまう難所

個人的に韓国語の挫折ランキング1位かもしれない韓国語の発音。

それくらい本当に難しく、韓国語の勉強をあきらめてしまうポイントの1つです。

「現地の人に言っても伝わらなかった」

「発音がうまくできずにあきらめた」

そんな話をたくさん聞いてきました。

僕自身も何度心を折られたことかわからないくらい、言葉が伝わらない経験をしています。

韓国語の発音がなぜこんなにも難しいかというと、**日本語にはない発音がある**からです。

▶ 韓国語の「ン」の発音は3つ

普段使ったことのないのどの使い方、舌の使い方、唇の使い方などがあるため、ネイティブのように話すことは至難の業です。たとえば**日本語の「ン」の発音は1つですが、韓国語の「ン」の発音は3つある**と言われています。

この3つの韓国語の「ン」の音は、日本人にはどれも同じ「ン」の音に聞こえてしまうため、発音もうまくできないのです。

右の図を見てください。1つ目の「난」は舌を上の歯の裏に当てて

「ン」と発音しますが、2つ目の「낭」は舌は動かさず口を開けたまま発音する「ン」です。3つ目の「남」は口を閉じて「ム」と発音しますが、口を 閉じているので「ン」に聞こえます。

韓国語の「ン」の発音は 3つある？ 🔊 音声010

「ン」の発音になる ハングル	発音	ンの口の形
	 nan	 舌を上の歯の裏に当てて「ン」と 発音。舌を見せるくらいでもいい
	 naŋ	 口を開けたまま「ン」と発音
	 nam	 口を閉じて「ム」と発音。口を閉じ ているので「ン」に聞こえる

パッチムを発音する難しさ

日本語では「ナ」と「ン」の2音で読む文字だが、韓国語では「ナン」のように1音で読むため、発音が難しい

▷「上手な発音」以前に必要な「聞き取る力」

発音する前にとても重要なことがあります。

それは「耳をつくること」です。

韓国語の音をたくさん聞いて、**どの音がどのハングル文字の音なのか**を聞き取れるようになることが重要です。

僕の場合、一番はじめに立ちはだかった壁が「聞き取り」でした。

はじめて韓国に旅行に行ったときに、コンビニで会計をすませ、お店を出ようとしたときに、店員さんが**「アンニョンハセヨ」**と言ったように聞こえたことがありました。

「アンニョンハセヨ」は韓国語で「こんにちは」という挨拶の意味。韓国はお店を出るときに「こんにちは」という文化なのかと思いましたが、ちがいました。

店員さんはお別れの挨拶**「アンニョンイ カセヨ（さようなら）」**と言っていたのにもかかわらず、僕は出会ったときの挨拶「アンニョンハセヨ（こんにちは）」と聞き取ってしまっていたのです。

日本語の文字で見ればまったくちがう言葉を言っているとわかるのですが、ネイティブの韓国語を聞き取るのは難しいです。

聞き取りのポイントは、**「意味を理解できる韓国語を何度も聞くこと」**です。

聞き取りができるようになると、発音もうまくなっていきます。

▷韓国語上達の道は「モノマネ」

聞き取った音と似た発音をすれば、相手にもちゃんと伝わります。

発音上達のコツは、相手の言った韓国語の音をモノマ

ネすることです！

　僕が韓国語を勉強している人を見てきた中で、上達が早いのは「モノマネ」がうまい人たちでした。

　聞いた音をそっくりにまねて発音できる人は、韓国語の上達もとても早いです。

　僕のように韓国語の聞き取りがうまくなく、モノマネが上手ではない人は、**「最初から完璧に発音する必要はない」**と思ってください。

　日本のコンビニや飲食店、ホテルなどで、日本語で接客する海外出身の方が増えていますよね。

　そういったお店であまり流暢ではない日本語を聞いたり、イントネーションが少しちがう日本語を聞いたりしたことがあるかと思います。そのときにどう思いましたか？

　「がんばっているな〜」「日本語をここまで話せてすごい！」と思いませんでしたか？

　韓国の方も同じです。未熟な韓国語の発音を聞いても、「がんばっているね！　韓国語上手ですね！」と多くの方が言ってくれます。

　今、韓国語を涼しげに話しているように見える方々も、韓国語が伝わらずたくさんの恥ずかしい経験をしてきています。

　10年以上、韓国語を勉強しているのに、発音もまだまだな僕でも、韓国の方とコミュニケーションをとれています。

　完璧な発音ができなくても、まずはたくさん聞いて、たくさん声に出すことが大切です。相手に伝われば十分です。

POINT
　今うまく話せる人も、最初は初心者。恥ずかしがらずにたくさんモノマネしてみよう

「会話力」を身につけるには？

> ▶ **勇気を出して話した韓国語がまったく伝わらない……**

　発音の次に大きな壁となるのが、実践編である **「会話」**。

　会話ができるようになるまでには何段階もハードルがあるため、かんたんには乗り越えることができず、あきらめてしまう方も多いです。

　僕も会話には本当に苦労しました。

　発音が難しいうえに、そもそも正しい文章で韓国語を話せているのか不安になります。緊張で声が震えるため、発音がさらに下手になって相手に伝わらず、二度、三度と勇気をふり絞って再度韓国語を話してみても、結局わかってもらえずにあきらめてしまうことがよくありました。

　韓国旅行中のお店でも、店員さんに韓国語で話しかけたのにうまく伝わらず結局メニューを指さして注文したこともありました。カフェで注文したときも、僕の話した韓国語を聞き取ってもらえず、注文したものとちがうものが出てきたり……。

チキン屋さんでは1人前の半分を注文したのにもかかわらず、1人前の料金を請求されたので、「ちがいますよ。僕が注文したのは半分です」と伝えたら、急に怒られてしまったこともありました。

こんなことのくり返しだったので、豆腐メンタルの僕はしばらく韓国語を話したり、勉強したりするのも嫌になってしまいました。

▶ TOPIK6級をとっても、会話がうまくできない人も

韓国語の勉強の本や動画などでは、やさしくゆっくりわかりやすい発音で話してくれますが、生の韓国語は容赦ありません。
韓国で語学留学中に出会った香港の友だちは、語学留学前にTOPIK6級(韓国語能力試験 最上級レベル)に合格したけれど、クラスはTOPIK4級レベルの僕と一緒に授業を受けていました。勉強はできても、会話には自信がなかったそうです。
英語でも同じようなことがよく言われますよね。TOEICの点数は900点以上とれているのに、会話になると話せない、という人もよくいるようです。
「テストの点数がよい」=「会話ができる」ではないのです。

▷ 成績がよくなくてもスラスラ話せる人とは?

一方で、学校での授業や試験の成績はあまりよくないのに、会話はとても上手でいつも間髪をいれずにスラスラ話している人がいました。どうしてこんなにうまく韓国語を話せるのだろうと思って聞いてみたら、毎日飲み歩いているのだそうです。

これは一例ですが、真面目に学校で授業を受けていたり、家で本や

YouTube 動画などで韓国語を勉強したりしている人よりも、単語や文法の使い方が多少間違っていたとしても、毎日韓国語での会話を飲み屋などで経験している人のほうが会話の能力が高い、という印象があります。

どれだけ机に向かって勉強していても、会話力はまた別の話で、会話は会話のための経験を積まなければ上達しないのです。

また、**そもそも話をするのが好きか、というコミュニケーション能力の問題**もありそうです。

僕は話すことよりも話を聞くほうが好きなので、飲み会などでも自分からほとんど話さず、みんなの話を聞いて楽しんでいます。

それは日本にいるときはもちろん、韓国にいるときでも同じで、友だちと飲みに行くとみんなの話を聞くばかりで、友だちにも「全然話さないよね？」と言われていました（笑）。

飲み会自体はとても楽しんでいたのですが、残念ながら韓国語の会話力はあまり伸びませんでした。

ものおじせずに積極的に話せる人ほど、会話はうまくなりそうです。

▶ 日本にいても会話力は身につく？

日本で暮らしていると、日常生活で韓国語の会話をする機会が少ないことも、韓国語学習者の悩みの１つです。

せっかく覚えた韓国語を使う機会がないので、また明日やればいいやと勉強が疎かになったり、途中でやめてしまったりする人も少なくありません。

韓国語を使って気軽に会話できる友だちがいれば、自然に韓国語を使う機会が増えますが、日本にいながら韓国語で気軽に話せる友だちをつくるのはなかなか難しいですよね。

韓国語の会話力を上げるには、学校に通ったり、韓国旅行に行ったり

するしか方法がないの？　と思った方、安心してください。

　韓国語学校に通わなくても、韓国旅行に行かなくても、韓国人の友だちをつくらなくても、韓国語の会話力を上げる方法があります。

　それは「シャドーイング」です。

▷ 何度も口に出して言ってみよう

　シャドーイングは、韓国語を聞いたあと、その言葉を聞いた通りに言うだけ。言葉の意味を理解しながら、何度も何度も韓国語を聞いて、何度も何度も口に出して言ってみてください。

　すると**練習した韓国語が、必要なときにすらっと口から出てくる瞬間**がきます。「こんにちは」と声をかけられて、とっさに「こんにちは」と言い返すような感覚ですね。

　日本語で、「こんにちは」という言葉は日常的に使っているので、自然に「こんにちは」と言えますよね。

　韓国語も同じように、「こんにちは」と言われたら「こんにちは」と返すような練習をくり返し行えば、自然と口から出てくるようになります。

　シャドーイングはとても効果的なので、CHAPTER2 でくわしく解説しています。ひとりでも練習できる、効果的な会話力アップの方法なので、ぜひやってみてください。

　韓国の語学学校の授業でも、シャドーイングのような練習をします。とくに初級クラスでは、先生がワンフレーズ読んで、そのあと生徒が読むといったことをくり返し行っています。

　僕も留学中にリアルな発音やイントネーションを聞き、まねて発音することで、どんどん韓国語を覚えられました。

　ちなみに、ソウル市立大学で教えてくださった先生は、いつもこんなことを言っていました。

「もっと感情をこめて読みましょう！」
「役者になった気持ちで、文章に感情をこめて言いましょう！」

　教科書の文章に感情をこめて発音するのは難しいです。でも韓国語を少し話せるようになった今は、感情をこめることがいかに大切かわかります。**ただ聞いて読むだけでは頭に残らない**のです。

　たとえば、韓国旅行に行って道に迷ってしまい、このままではコンサートの時間に間に合わない。そんなことを想像しながら、**「ソウル駅にはどうやって行くのですか？（서울역에 어떻게 가요?）」**などの道をたずねる例文を読むと、実際に同じ場面で困ったときに口からすらっと出てくるようになります。

　シャドーイングのときに、どれだけ気持ちをこめてくり返し練習できるかが重要なのです。

▶一生の友だちにも出会えるチャンス！

　会話は、韓国語の能力が一番高まる絶好の機会です。勉強した韓国語が相手に伝わったときの喜び、達成感で、さらに韓国語を勉強したくなります。

　僕は語学留学中、授業の合間の休憩時間にいつも、台湾人やモンゴル人の友だちと雑談していました。おたがい母国語がちがうので、授業で習った韓国語を駆使して会話していました。

　いつもは単語や文法を一生懸命思い出しながら話していたのに、あるとき頭の中で文章が自然と組み立てられ、口からスラスラ出たことがありました。

　友だちにも「授業で習ったことをちゃんと使えているね！」と言われて、そのときが一番、韓国語を勉強した成果を実感できた瞬間でした。

　友だちと会話したい、仲よくなりたい、という感情がこもっていたの

で、すらっと口から出てきたのだと思います。

　授業や勉強も大切です。でも、一番達成感を味わえるのは、**相手の言っていることを理解できたり、自分の意思を伝えることができたりした瞬間**なんです。

　身近に韓国語を勉強している人がいたら、韓国語で会話してみましょう。韓国旅行に行くことがあれば、ぜひ現地のお店の人やホテルの人に韓国語で話しかけてみてください。

　会話は、相手に伝わらなかったり、聞き取ることができなかったりすると、挫折するきっかけになってしまうこともあります。
　でも、今まで話せなかった人たちとコミュニケーションをとれるようになると、視野が広がったり、新たな出会いが生まれたりして、よりよい人生を送るチャンスになります。

　僕は韓国語を話せるようになって、一生の友だちとも思えるような人との出会いがありました。
　これから韓国語を勉強していくみなさんにも、同じような素敵な出会いが必ずあります。
　あきらめずに韓国語の勉強を続けてくださいね。

> **POINT**
> 1つの会話がきっかけで人生が変わるかも!?
> 勇気を出して、韓国語で話してみよう

勉強を続けるちょっとしたコツ

　ここまで読んできて、やる気がむくむくわいてきましたか？ちょっと難しそう〜と思ってしまった人もいるかもしれませんね。

　もし勉強のやる気がダウンしてきたなら、ぜひ次のことをやってみてください。

　それは、**あなたの好きなものを思い出すこと**です！

　韓国語に関するものの中で、好きなものはなんですか？

　韓国ドラマを見ることが好きな方は、好きな韓国ドラマのフレーズを1話ごとに1つ覚えてみましょう。

　ハングルの文字はわからなくていいです。覚えるフレーズは短くてOK。字幕で意味を理解し、聞いた韓国語の音をまずモノマネして言ってみましょう。

　それだけでも、素晴らしい韓国語の勉強です。

　好きなK-POPの曲のサビのフレーズをひとことだけでもいいのでモノマネして歌ってみましょう。歌詞の意味を理解して、口ずさむだけで立派な韓国語の勉強になっています。

　韓国語の勉強といっても、教科書や参考書を読むこととはかぎりません。

　そうなんです。あなたが好きなことから韓国語の勉強をいつでも始めることができるのです。

　これだけは忘れないでください。

勉強に疲れたら、いつでも好きなところに戻ろう！

ゼロから
韓国語が身につく!
9つのSTEP

STEP 1 韓国語に触れることから始めよう

> 好きな韓国ドラマを見たり、
> 好きなK-POPを聞いたりするのも勉強の1つ

　さぁ、いよいよ本格的に勉強をスタートさせましょう！

　この本では、9つの STEP を通して、確実に韓国語を身につけていきます。

韓国語を身につける9つのSTEP

STEP 1　韓国語に触れることから始めよう

STEP 2　ハングルの読み方を覚えよう

STEP 3　発音してみよう

STEP 4　発音のルールを覚えよう

STEP 5　単語を覚えよう

STEP 6　文法を覚えよう

STEP 7　単語と文法を組み合わせて文をつくろう

STEP 8　「単語と文法を覚えて、文をつくる」をくり返そう

STEP 9　復習しよう

　さっそく STEP1 から始めていきましょう。

　韓国語を勉強し始めよう！　と決めてすぐにハングルの文字を覚えたり、単語や文法を覚えたり……というのももちろんよいことですが、

STEP1 ではさらにその前の段階からスタートします。

最初はとにかく「韓国語」に触れることが大切です。

　みなさんは、当然のように日本語が話せます。でも、赤ちゃんのころから本を開いて勉強なんてしていませんよね。まだ物心がつかないうちから、周りの人たちが話している言葉をたくさん聞いて、少しずつまねして日本語を話せるようになったはず。

　韓国語を勉強し始めたみなさんは、ある意味「赤ちゃんと同じ」です。

　最初から分厚い教材やレベルの高い勉強を始めたら、「韓国語はなんて難しいんだ！」と嫌な思い出になってしまう可能性だってあります。

　まずは赤ちゃんと同じように、たくさんの言葉に触れてみることから始めてみましょう。たとえば、好きな韓国ドラマを見たり、好きなK-POP の曲を聞いたり、好きな韓国人俳優の YouTube を見たりすることも、立派な韓国語の勉強の始まりです。

　そして、次のステップは**「まねしてみること」**です。

　K-POP が好きな人は、好きな K-POP の曲の好きなフレーズ、かっこいいフレーズをまねして歌ってみましょう。韓国ドラマや韓国映画が好きな人は、好きなシーンをくり返し見て、セリフをまねして言ってみましょう。

　はじめは本当に短いひとことで十分です。字幕で意味を理解して、実際に俳優が言っている言葉をまねすればいいのです。

CHAPTER

2

ゼロから韓国語が身につく！　9つのSTEP

> **1日3個のフレーズを覚えると、**
> **5日間で15個覚えられる！**

　見たり聞いたりまねしたりするところから、一歩進んで**「覚えよう」**

と意識すると、韓国語が一気に得意になっていきます。

　たとえば、好きな曲を口ずさみながら1日3個、単語やフレーズを覚えると、5日後には15個も覚えられます！

　1日3個、と言いましたが、覚える数は自分のできる範囲でいいです。1個でもいいし、やる気のある人は10個でもいい。
　ただ、1週間後に覚えているか、必ず確認しましょう！
　なぜなら、勉強は復習しなければ覚えられないからです。

▶復習が超重要！

　人は、たった1日でも約7割（理由はSTEP9にてくわしく解説）も忘れてしまうと言われています。覚えたものを定着させる意味でも、1週間後の確認、復習はとても大切です。これから勉強していくときも、覚えたことを1週間後に一度確認するというルーティーンをつくっておきましょう。

　こんなふうに「1日○個ずつ覚える」と決めて、まず7日間試してみてください。
　7日のうち、覚えるのは5日間でOKです！
　そして2日間覚えるのを休んで、1週間前の勉強初日に覚えた単語やフレーズを言えるか確かめてみましょう。
　「毎日必ず覚える」のは大変なので、「休む期間」を入れるのが勉強を続けるポイントです！

▶ はじめて覚えた言葉は「ごめんなさい」

では、どんな言葉を覚えればいいのでしょうか？

僕がおすすめするのは、**まず自分の好きな言葉や感情をこめて言える単語・フレーズから覚えていくこと**。なぜならそっちのほうが圧倒的に記憶に残るからです。

僕がはじめて覚えた韓国語は**「チェガ チャルモッテッソヨ（제가 잘 못했어요.）」**でした。僕はハングルの文字も書けなかったので、ノートにカタカナでメモをして覚えました。意味は直訳すると「私が間違っていた」。意訳すると「ごめんなさい」という意味で、反省するときなどに使われる言葉です。

当時、シェアハウスに住んでいた僕は、一緒に住んでいた韓国人女性に好意を持ち始めていました。彼女を笑顔にしたくて、ちょっかいばかりかけていたのですが、あるときちょっかいが行きすぎてしまい、すこし怒らせてしまったんです。

そのときに「韓国語で謝って！」と言われ、教えてもらった言葉が「チェガ チャルモッテッソヨ」でした。

許してもらうことができた僕は、何かあるたびに「チェガ チャルモッテッソヨ」と言って彼女との距離を縮め、お付き合いすることができたのです。

▶ 感情をこめた言葉は一生忘れない

人は感情をこめて覚えた言葉を忘れることがありません。

あるフランス人の友だちは、「おまえー！！！」や「このやろう！！！」という日本語を、イントネーションも完璧に覚えていました（笑）。

なぜその言葉なのか聞いたら、大好きな日本のアニメで出てきたセリフを覚えたとのことでした。

　好きな言葉や感情をこめて覚えた言葉は、一生忘れることができない言葉になります。だからこそ、**あなたが興味を持てるような大好きな言葉から覚えましょう！**

　今の時点で、ハングルを読めなくてまったく問題なしです！

　ちなみに、「おまえー！！！」のイントネーションが完璧なフランス人は、日本語で「おまえ」と書いてあっても読めず、それでも発音は完璧でした。

　覚えたいフレーズは、自分が聞き取った音をカタカナでメモして覚えるのでも大丈夫。発音もざっくりでいいです。

　はじめから完璧な発音を目指すよりも、何度も聞いて発音するほうが大切。

　何度も聞いて口に出すうちに、韓国語の音や、口の使い方に慣れていきます。

　韓国語の勉強は、ぜひ好きなドラマのセリフや、好きな曲の１フレーズを発音し、覚えることから始めてみましょう！

☑ やってみよう ▶ すぐに使える便利な単語を覚えよう

　「ドラマや好きな曲の単語がそもそも聞き取れない！」「なんでもいいから役に立つフレーズを覚えたい！」という方のために、次のページにすぐに使える身近な単語をご用意しました。

　この言葉を１日３個ずつ、５日間で15個覚えて、２日休んで、１週間後に初日に覚えたフレーズが覚えられているか確認してみましょう。ここでは一応ハングルも載せておきますが、カタカナを覚えるだけで大丈夫です。シチュエーションを読むと、よりイメージがわきやすくなります。

1日目

🔊)) 音声011

日本語	韓国語	シチュエーション
ありがとうございます。	カムサハムニダ (감사합니다 .)	お店の人に感謝の気持ちを伝えたいとき
おいしいです。	マシッソヨ (맛있어요 .)	おいしかったと店員に伝えたいとき
大丈夫です。	ケンチャナヨ (괜찮아요 .)	「もっと食べますか？」と聞かれて「お腹いっぱいです」と断りたいとき

CHAPTER

2

ゼロから韓国語が身につく！　9つのSTEP

2日目

🔊)) 音声012

日本語	韓国語	シチュエーション
おはよう。／こんにちは。／こんばんは。	アンニョンハセヨ (안녕하세요 .)	韓国のホテルにチェックインして、スタッフに挨拶するとき
わからないです。	モルゲッスムニダ (모르겠습니다 .)	ホテルのスタッフに韓国語で話され、言葉がわからないことを伝えるとき
わかりました。	アルゲッスムニダ (알겠습니다 .)	相手の韓国語を理解できたとき

3日目

🔊)) 音声013

日本語	韓国語	シチュエーション
いくらですか？	オルマエヨ？ (얼마예요 ?)	買い物中に気に入った服を見つけていくら聞きたいとき
ください。	チュセヨ (주세요 .)	商品を買いたいとき
お疲れ様です。※	スゴハセヨ (수고하세요 .)	買い物したあとに店員にお礼の気持ちを伝えたいとき

※日本では「お疲れ様です」は職場の人に主に使う挨拶ですが、韓国では職場だけでなく、お店の人やタクシーの運転手を労うときに使います。

4日目

音声014

日本語	韓国語	シチュエーション
はい。※	ネ (네 .)	質問された内容に同意する場合
いいえ。	アニヨ (아니요 .)	質問された内容に同意しない場合
おめでとう！	チュッカヘヨ！ (축하해요！)	身近な人にお祝いの言葉を言いたいとき

※「네 ?」と語尾を上げて疑問形にすれば「はい ?」となり、相手の言っていることが聞き取れなかったときや、聞き直したいときに使えます。

5日目

音声015

日本語	韓国語	シチュエーション
辛いです。	メウォヨ (매워요 .)	韓国料理が想像以上に辛かったとき
お腹がすきました。	ペゴパヨ (배고파요 .)	お腹がすいて早く食べたいとき
おもしろいです。	チェミイッソヨ (재미있어요 .)	友だちが言った冗談で笑ったとき

> 1週間後に覚えているか
> 確かめてみよう！

STEP 2 ハングルの読み方を覚えよう

▶ ハングルの文字はローマ字のように読める！

　ハングルの文字は一見わかりづらく見えるかもしれませんが、CHAPTER1でもお伝えした通り、ローマ字と同じように文字を組み合わせるだけで読めるようになります。まず下の図を見てください。

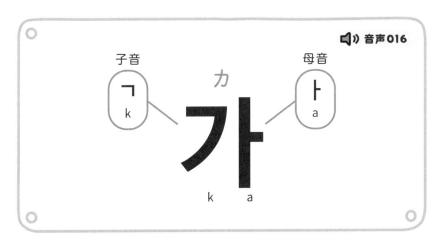

音声016

　これは、ハングルの「가」という文字です。ハングルの文字は、このように**子音と母音のかけあわせ**でできています。

　どう読むかというと、左側の子音「ㄱ」が、ローマ字でいう「k」の発音で、日本語でいう「カ行」になります。「ㄱ(k)」と母音の「ㅏ(a)」が組み合わさり「カ」と読むわけです。次も見ていきましょう。

▶「아」の場合

子音		母音		ア	🔊 音声017
○	+	ㅏ	=	아	
無音		a		a	

「**아**」は左側に「○」があり、右側に「ㅏ」がありますよね。この左側の「○（無音）」が子音で、右側の「ㅏ（a）」が母音です。子音が無音なので、母音のみを発音して「**ア**」と読みます。

▶「사」の場合

子音		母音		サ	🔊 音声018
ㅅ	+	ㅏ	=	사	
s		a		sa	

「**사**」は左側の子音「ㅅ」が、ローマ字でいう「s」で日本語でいう「サ行」になります。「ㅅ（s）」と「ㅏ（a）」が組み合わさり、「**サ**」と読みます。

▷ 子音と母音が上下になる場合もある

　今見たように、ハングルはローマ字のように子音と母音が組み合わさって1つの文字になっています。ローマ字は左右に並んで1つの文字になりますが、ハングルは次の図のように**上下に並ぶ場合**もあります。

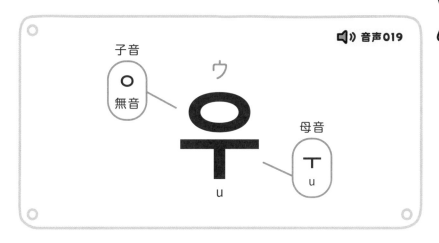

🔊》 音声019

子音

○
無音

ウ

母音

ㅜ
u

u

　ハングルはローマ字のように組み合わさってできている、ということがわかってきましたか？
　さらに母音と子音について、それぞれくわしく見ていきましょう。

🔊》 音声020

☑ やってみよう ▷ 次のハングルを読んでみよう

　1. 가　　2. 사　　3. 우

こたえ　1. カ　2. サ　3. ウ

STEP 2

ハングルの読み方を覚えよう
① 基本母音

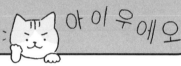

> ▶ 基本母音は 10 個

　ハングルが母音と子音でできているのは理解できましたね。

　まずは母音から覚えていきましょう。ハングルの基本母音は 10 個あります。

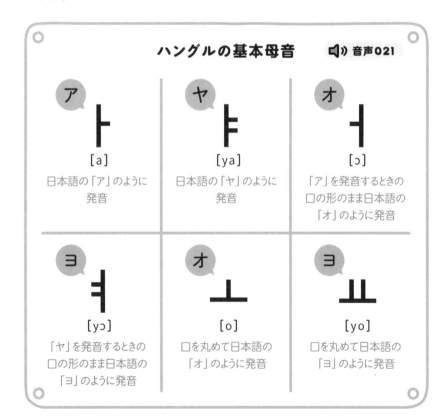

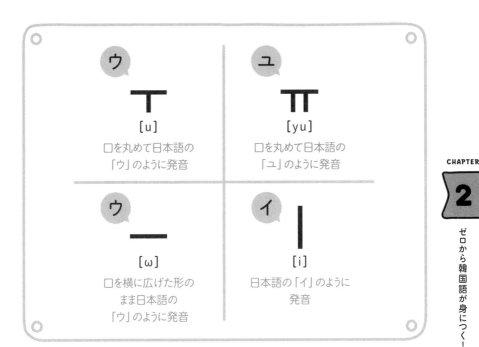

この10個の基本母音を覚えるのはマストです！

　逆に言えば、この基本母音を覚えると、韓国語の勉強がグッとラクになります。

　母音は子音の右についたり、下についたりします。次のページの書き順を見ながら、読み方とともに覚えましょう。「ア」とか「ヤ」とか発音しながら、だいたい10回ずつぐらい書くと、少しずつ頭に入ってくるので、ぜひやってみてください。

　「2本の線があるときはヤ行の発音なのか……」など、特徴を見つけると覚えやすいですよ。

　基本母音の日本語の読み方を見ると、「ウ」「オ」「ヨ」が2つありますが、それぞれ読み方が微妙に異なります。発音については、あとでくわしく説明していきますが、ここでは「なんかちがいがあるんだね！知らんけど！」くらいのおおらかな気持ちで勉強を進めてください。

☑ やってみよう

▶ **書き順に合わせて母音を書いてみよう**

※ハングルは母音と子音の組み合わせでできているので、母音だけの発音を
　書きたいときは、子音の「ㅇ（イウッ）」をつけて書きます。

STEP 2 ハングルの読み方を覚えよう

② 子音

▶ 子音は19個

　ハングルの子音は全部で19個あります。子音には、**「平音」「激音」**
「濃音」の3種類あります。まずは9個の平音（基本子音）を見ていき
ましょう。

（1）平音

🔊 音声022

キヨク	カ行／ガ行
ㄱ [k/g]	日本語の「カ行」のように発音。語中や語末では「ガ行」のように発音

ニウン	ナ行
ㄴ [n]	日本語の「ナ行」のように発音

ティグッ	タ行／ダ行
ㄷ [t/d]	日本語の「タ行」のように発音。語中や語末では「ダ行」のように発音

リウル	ラ行
ㄹ [r/l]	日本語の「ラ行」のように発音

ミウム	マ行
ㅁ [m]	日本語の「マ行」のように発音

ピウプ	パ行／バ行
ㅂ [p/b]	日本語の「パ行」のように発音。語中や語末では「バ行」のように発音

シオッ	サ行
人 [s/ʃ]	日本語の「サ行」のように発音

イウン	無音
O [-/ŋ]	無音の子音のため、母音の音をそのまま発音

ジウッ	チャ行／ジャ行
ㅈ [ʧ/ʤ]	日本語の「チャ行」のように発音。語中や語末では「ジャ行」のように発音

　子音には **「キヨㇰ」「ニウン」** などの名前がついています。子音を覚えるときは名前を覚えると、読み方も覚えやすいです。

　たとえば、「ㄴ」は「ニウン」という名前の子音で、**頭文字の「ニ」は「ナ行」にある文字なので、「ㄴ」は「ナ行」の子音**と覚えられます。「ㄹ」も同じで、名前が「リウル」で**頭文字の「リ」は「ラ行」にある文字なので、「ㄹ」は「ラ行」の子音**と覚えられます。

　そして「ㄱ」や「ㄷ」などは、「カ行」や「タ行」の他に、濁音がついた **「ガ行」** や **「ダ行」** があります。これらの子音は、単語の文頭にくる場合は、「カ行」や「タ行」のように音が濁らないのですが、単語のはじめ以外、つまり単語の中間や最後にくる場合は「ガ行」や「ダ行」の濁音になります。このような音の変化を **「有声音化」** と言いますが、あとの STEP でご説明しますね。

「濁ったり、濁らなかったりややこしい！」と思いますよね。

　でも、日本語にも同じようなものがあります。

　たとえば、「革（かわ）」と「靴（くつ）」をつなげて読むと、「革靴（かわぐつ）」と読みますよね。「手（て）」と「紙（かみ）」をつなげて

読むときに「てかみ」とは読まずに「手紙（てがみ）」となるように、「連濁」という現象が起きて、単語の途中が濁音になります。

でも、いちいち「連濁だから単語の途中が濁音になるんだ！」と意識して日本語を話していませんよね。

韓国語も日本語と同じように、気がついたら濁音になっていたというくらいの感覚なので、あまり難しく考えず、そういうものだと思っておきましょう。

🔊 音声022

☑ やってみよう

▶ 書き順に合わせて基本子音（平音）を書いてみよう

ハングルの文字は母音と子音を組み合わせて１つの文字ができています。ここでは、母音の「ㅏ」をつけて練習しましょう。書き順の通りに書いてみてください。

（2）激音

　子音の中でも激音と言われる「ㅊ」「ㅋ」「ㅌ」「ㅍ」「ㅎ」は、平音の子音にもある **「カ行」** や **「タ行」** などのため、発音が少しまぎらわしいです。

　ここでは、激音にも「カ行」や「タ行」があるんだな〜、程度に覚えておきましょう。

🔊) 音声023

ヒウッ	ハ行
ㅎ [h]	息を吐きながら 日本語の「ハ行」 のように発音

☑ やってみよう

▶ **書き順に合わせて子音（激音）を書いてみよう**

（3）濃音

　続いて、濃音と言われる「ㄲ」「ㄸ」「ㅃ」「ㅆ」「ㅉ」です。濃音は、**平音の子音が２つ並んでいる子音**です。子音の名前も、平音で覚えた子音「キヨ_ク」や「ティグッ」などの頭に「サン」をつけて、「サンキヨ_ク」「サンティグッ」となるだけなので覚えやすいです。

　読み方も、**平音の子音と同じ読み方の前に小さい「ッ」を加えるだけ**なので、平音の子音を覚えてしまえば読めるようになります。

ローマ字入力で小さい「ッ」と入力したいときに、同じローマ字を２回入力するのと同じ、と覚えておくといいです。

サンキヨ_ク	ッカ行
ㄲ [ʔk]	日本語の「カ行」の前に小さい「ッ」を入れて発音

サンディグッ	ッタ行
ㄸ [ʔt]	日本語の「タ行」の前に小さい「ッ」を入れて発音

サンピウプ	ッパ行
ㅃ [ˀp]	日本語の「パ行」の前に小さい「ッ」を入れて発音

サンシオッ	ッサ行
ㅆ [ˀs]	日本語の「サ行」の前に小さい「ッ」を入れて発音

サンジウッ	ッチャ行
ㅉ [ˀth]	日本語の「チャ行」の前に小さい「ッ」を入れて発音

🔊 音声024

☑ **やってみよう**

▶ **書き順に合わせて子音（濃音）を書いてみよう**

까	따	빠	싸	짜
ッカ	ッタ	ッパ	ッサ	ッチャ
까	따	빠	싸	짜

ハングルの読み方を覚えよう
③ 合成母音

▶ 合成母音は11個

「合成母音」は、**基本母音を2つ組み合わせた母音**のことです。ハングルの合成母音は11個あります。

下の図は母音の「ㅗ」「ㅏ」と、無音の子音「ㅇ」を組み合わせた「와」です。発音するときは、「オ」の発音から「ア」の発音に一息で言います。実際に言ってみると、「オア」ではなく、「ワ」に近い発音になりますね。

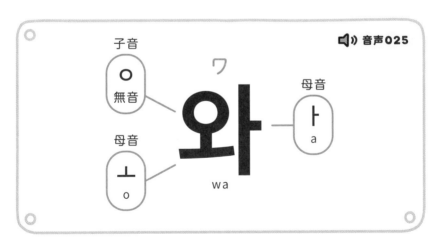

子音
ㅇ
無音

ワ
와
wa

母音
ㅏ
a

母音
ㅗ
o

🔊 音声025

次のページは合成母音の一覧です。1つひとつ覚えていきましょう。「ㅐ」と「ㅔ」、「ㅒ」と「ㅖ」など、似た音が多いです。細かく言えばちがいがありますが、最近は韓国人でも同じように発音しているので、似た音は同じように発音しても問題ありません。

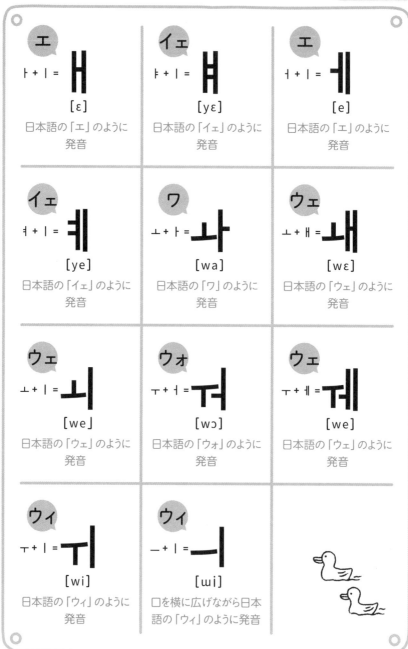

エ

ㅏ + ㅣ = ㅐ

[ɛ]

日本語の「エ」のように
発音

イェ

ㅑ + ㅣ = ㅒ

[yɛ]

日本語の「イェ」のように
発音

エ

ㅓ + ㅣ = ㅔ

[e]

日本語の「エ」のように
発音

イェ

ㅕ + ㅣ = ㅖ

[ye]

日本語の「イェ」のように
発音

ワ

ㅗ + ㅏ = ㅘ

[wa]

日本語の「ワ」のように
発音

ウェ

ㅗ + ㅐ = ㅙ

[wɛ]

日本語の「ウェ」のように
発音

ウェ

ㅗ + ㅣ = ㅚ

[we]

日本語の「ウェ」のように
発音

ウォ

ㅜ + ㅓ = ㅝ

[wɔ]

日本語の「ウォ」のように
発音

ウェ

ㅜ + ㅔ = ㅞ

[we]

日本語の「ウェ」のように
発音

ウィ

ㅜ + ㅣ = ㅟ

[wi]

日本語の「ウィ」のように
発音

ウィ

ㅡ + ㅣ = ㅢ

[ɰi]

口を横に広げながら日本
語の「ウィ」のように発音

◀)) 音声026

☑ やってみよう

▶ **書き順に合わせて合成母音を書いてみよう**

エ

애

イェ

애

エ

에

イェ

예

ワ

와

ウェ

왜

ウェ

외

ウォ

워

ウェ

웨

ウィ

위

ウィ

의

CHAPTER

2

ゼロから韓国語が身につく！ 9つのSTEP

ハングルの読み方を覚えよう
④ パッチム

> ▶ 文字の下にあるのがパッチム

　続いて、**「パッチム」**について説明していきます。

　パッチムは、韓国語で**「支え」**という意味があります。下の図を見てください。その名の通り、文字の下を支えているのが「パッチム」。そしてそのパッチムは先ほど覚えた子音なので、新しい文字を覚える必要はありません。

　下の「산」は「ㅅ（s）」と「ㅏ（a）」、パッチムの「ㄴ（n）」を組み合わせて「**サン**」と読みます。

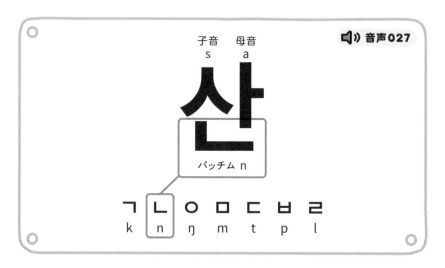

子音　母音
s　　a

🔊 音声027

산

パッチム n

ㄱ ㄴ ㅇ ㅁ ㄷ ㅂ ㄹ
k n ŋ m t p l

　ここでは、「ハングルの文字の下に『パッチム』という子音が組み合わさることもあるんだな～」とだけ覚えておいてください。

ハングルの読み方を覚えよう
⑤ 子音と母音の形の意味

▶ 子音は「発音器官の形」。母音は「天地人」

　ハングルに慣れてきましたか？　ここで、ハングルの成り立ちについて少しご紹介します。ハングルは、1443年に李氏朝鮮の第4代国王である**世宗大王**（セジョンデ ワン）によってつくられました。当時、一般庶民の漢字の識字率が低かったため、**誰でも読み書きできる文字**としてつくられたのです。

　だから、ハングルはとてもわかりやすくつくられています！

　ハングルの子音は、下の図のように発音器官（舌や唇、のどなど）の形に似せてつくられています。

　一方で、ハングルの**母音は天「•」、大地「—」、人「｜」を表している象形文字**です。

　天の「•」が表しているのが太陽、地を示す「—」の横棒は大地、「｜」は人が立っている姿を表していると言われています。

▶ 陽母音と陰母音

　母音は、**「陽母音」**と**「陰母音」**に分かれています。次のように覚えるとわかりやすいです。

　太陽は東から登るので、太陽が人より右（東）にあると陽母音。

$$ \text{人} \mid \quad \cdot \, \text{天} \quad = \text{ト} $$

　太陽は西に沈むので、太陽が左（西）にあると陰母音。

$$ \cdot \, \text{天} \quad \mid \text{人} \quad = \dashv $$

　大地より太陽が上にあると、陽母音。

$$ \begin{matrix} \text{天} & \cdot \\ \text{地} & — \end{matrix} \quad = \perp $$

　大地より太陽が下にあると陰母音。

$$ \begin{matrix} \text{地} & — \\ \text{天} & \cdot \end{matrix} \quad = \top $$

　このハングルの成り立ちを理解しておくと、ハングルの組み合わせ方も少し理解できるようになります。たとえば、合成母音で覚えた組み合わせ。陽母音「ト」と陰母音「ㅜ」の組み合わせがなかったことに気づきましたか？　これは、**陽母音と陰母音は組み合わせることができない**、というルールがあるからなんです。

　ハングルがなんとなくわかってきましたか？
　次からはいよいよ発音に進んでいきましょう。

STEP 3

発音してみよう

▷ 発音・アクセント・イントネーションを覚える

CHAPTER

2

ゼロから韓国語が身につく！ 9つのSTEP

　STEP3 では、発音について説明していきます。発音しながら、単語も少しずつ書いて覚えていきましょう。1つずつ発音できるようになり、単語も書けるようになりますよ！

　CHAPTER1 でもお話しした通り、最初から「完璧な発音」を目指す必要はありません。

　目標が韓国語を使って趣味を充実させたい、韓国旅行をより楽しみたい、ということなら、完璧な発音を目指すよりも、**まずは伝えたい内容を自分の言葉で伝えられること**を目指しましょう。発音を完璧にしなくても楽しい会話はできます！

　ただ、楽しい会話をするためには**相手に伝わる発音**をする必要があります。そこで重要なポイントになるのが**口の形や、のどや鼻の使い方**です。

　ふだん日本語を話すときに、口の形やのどや鼻を意識していませんよね。これから韓国語の発音練習をするときは、**少しおおげさなくらい、口を開けたり閉じたり、のどや鼻を使ったりします。**

　いや、アイドルはそんなに大きく口を開いたりしていないし……と思うかもしれません。でも、口をあまり動かさずに韓国語を話そうとすると、正しく発音できない原因にもなります。

たとえるなら、新入社員とベテラン社員のようなちがいですね。
　ベテラン社員は手の抜きどころを知っているので、すべての作業に全力で取り組まなくても効率よく仕事ができます。一方で、新入社員は1個1個の作業を丁寧にやらないと、肝心なところでミスを起こしてしまうような感じです。

　韓国語の発音に慣れれば、口をおおげさに動かさなくても正しい発音ができるようになります。はじめのうちは口の形やのどや鼻を意識して発音練習に取り組んで、正しい発音を身につけていきましょう。

▷アクセントやイントネーションが日本語とは異なる

　口の形やのど、鼻の使い方の次に大事なのが、**アクセント（音の強弱や高低）とイントネーション（抑揚）**です。
　たとえば、日本語で**「かきを食べた」**と言うとき、「か／き＼」（牡蠣）なのか「か＼き／」（柿）なのか、アクセントによって食べものが変わってしまいますよね。

　韓国語も同じで、ハングルを発音できるようになったとしても、アクセントやイントネーションがちがうだけで、言葉を理解してもらえないことがあります。次ページの図をみてください。
　韓国語で「ご飯を食べました（밥을 먹었어요.）」と言うときに、日本語と同じアクセントやイントネーションで言ってしまうと、相手に少し違和感を与えてしまいます。
　もっと長くて複雑なフレーズの場合、アクセントやイントネーションが異なると、相手に伝わらないこともあります。

　正しいフレーズを使っていても、アクセントやイントネーションがちがうと言葉が通じないことがある、ということは覚えておきましょう。

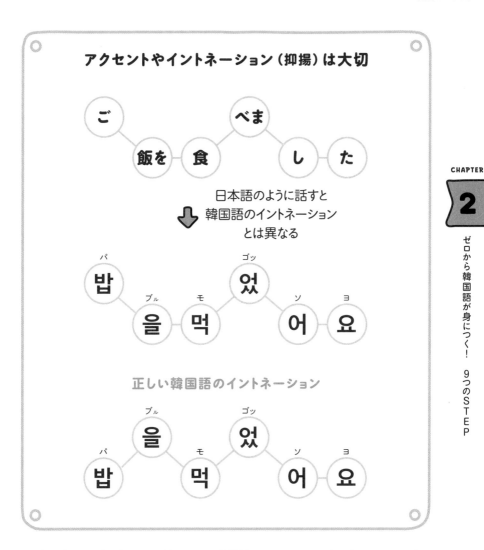

アクセントやイントネーション（抑揚）は大切

ご　べま
飯を　食　した

日本語のように話すと
⬇ 韓国語のイントネーション
とは異なる

パ　ゴッ
밥　었
을　먹　어요
ブル　モ　ソ　ヨ

正しい韓国語のイントネーション

ブル　ゴッ
을　었
밥　먹　어요
パ　モ　ソ　ヨ

　世界各国の人が通う、韓国の語学学校に通っていて気づいたことがあります。

　それは、**国によって韓国語を発音するときのアクセントやイントネーションがまったく異なる**、ということです。

　日本でも韓国人の方が韓国語っぽいアクセントやイントネーションで日本語を話していたり、英語圏の方が英語っぽく日本語を話していたりするのを見かけることがありますよね。母国語以外の言語は、母国語に

近いアクセントやイントネーションで話してしまうことがあるのです。

留学中、初級クラスで一緒に勉強していたモンゴルの方の韓国語が本当に聞き取りづらく、なんと言っているかわからなかったことがありました。

▶アクセントやイントネーションを直すコツとは？

アクセントやイントネーションを韓国語風に矯正するコツを、留学先の先生が教えてくれました。それは「**抑揚をつけずに、棒読みで発音練習をすること**」です。

アクセントやイントネーション（抑揚）の矯正方法

棒読みを意識して発音してみる

棒読みで発音すると、日本語のようなアクセントはなくなり、韓国人にも理解してもらいやすくなります。

韓国語のアクセントや抑揚がわかってきたら、徐々に韓国語のアクセ

ントに近づけて発音してみましょう。

　韓国のニュース番組などを見ていると、抑揚があまりなく、とても聞き取りやすい韓国語を話しているので、参考になりますよ。

　ネイティブの方の韓国語の発音を聞くときは、アクセントやイントネーションだけでなく、**「どんな口の形で話しているのか」**に注目してみましょう。発音練習をするときは、ネイティブの方と同じようなアクセントやイントネーション、同じような口の形でやってみてください。

　難しければ抑揚をつけずに棒読みで話すと、最低限相手に伝わる韓国語を話せるようになります。

「伝わる韓国語を話したいけど、自分の韓国語をチェックしてくれる人がいない！」という場合は、スマートフォンのアプリなどで韓国語の発音をチェックしてみましょう。

　韓国語の翻訳アプリの中でも一番利用されているのが **「Papago」** で（2023年現在）、個人的にも一番おすすめです。

　韓国語の翻訳精度が高く、音声での翻訳もしてくれます。

　自分の発音がちゃんと認識してもらえるのかをチェックできるので、ぜひ韓国語の発音練習に使ってみてください。

🔊 音声028

☑ **やってみよう** ▶ **発音してみよう**

ご飯を食べました。	パブル モゴッソ ヨ 밥을 먹었어요.

発音してみよう
① 基本母音と基本子音

▶ 平音の発音は難しくない！

　ここからは実際に発音してみましょう。まずは、あまり発音が難しくない、基本母音と基本子音（平音）を組み合わせた単語を読んでみます。試しに次の3つを発音してみましょう！

🔊 音声029

子ども	きゅうり	せっけん
아이 （アイ）	오이 （オイ）	비누 （ビヌ）

　これらは、**カタカナで書かれている読み方をそのまま読んでも意味がほぼ伝わる単語**です。「아이（子ども）」は「아」も「이」も左側に子音の「ㅇ」があり、この子音は発音しないのでしたね。母音の「ㅏ」と「ㅣ」のみ発音しましょう。「아이」はそのまま日本語読みでも意味が伝わります。

日本語の
「ア」のように発音

日本語の
「イ」のように発音

「오^{オイ}」と「비^{ビヌ}」は口の形に気をつけましょう。

「ㅗ」と「ㅜ」は口を丸めて発音します。しっかりと口を丸めて少し尖らせるくらいの形で「오^オ」といったり、「누^ヌ」と言うようにしましょう。

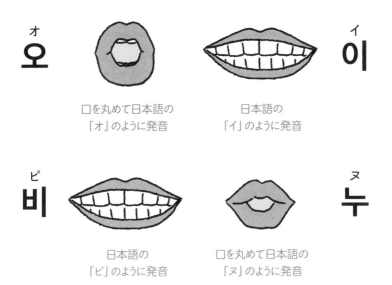

オ
오

口を丸めて日本語の
「オ」のように発音

イ
이

日本語の
「イ」のように発音

ピ
비

日本語の
「ピ」のように発音

ヌ
누

口を丸めて日本語の
「ヌ」のように発音

🔊 音声029

☑ やってみよう ▶ **声に出しながら書いてみよう**

子ども	きゅうり	せっけん
아이 アイ	오이 オイ	비누 ビヌ
아이	오이	비누

STEP 3
発音してみよう
② 濁音

▶「ㅂ」は「ポ」と読むんじゃないの？

ここでは子音が濁音になるときの練習をしましょう。

🔊 音声030

お父さん	女性・女子	交差点
アボジ 아버지	ヨジャ 여자	サゴリ 사거리

「あれ、아버지の**ㅂ**って『**ボ**』じゃなくて、『**ポ**』って読むんじゃなかったっけ？　**지**は『**ジ**』じゃなくて『**チ**』では？」
　と気づいたあなた、さすがです。よく覚えてますね！

「아버지」は 1 文字ずつ読んだら、たしかに「ア」「ポ」「チ」になります。でも、「ㅂ」と「지」は単語の中間や最後にある場合は、濁音になる（音が濁る）ので「アボジ」となるんです。これを **[有声音化]** といいます。単語の発音のルールは STEP4 でくわしく説明するので、ここでは「そういうものなんだ」と思って次に進みましょう。

「아버지（お父さん）」の「ㅂ」は、ちょっと発音するのが難しい言葉です。「ㅓ」は **[ア] の口の形で [オ] と言う**、日本語にはない発音だからです。感覚をつかむために、試しに「ア」の口で「オ」と言ってみましょう。

78

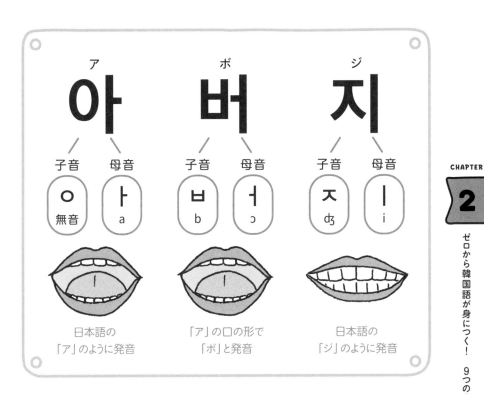

「여자（女性）」の「자」も、単語の中間や最後にあるときは、音が濁るので、「チャ」が濁って「ジャ」という読みになります。

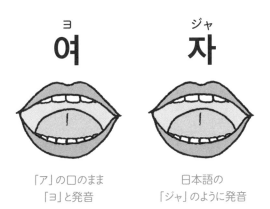

79

「사거리（交差点）」の「거」も単語の中や最後にある場合は、音が濁るので、「ゴ」と読みます。

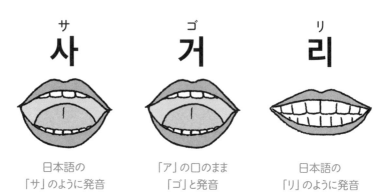

サ	ゴ	リ
사	거	리

日本語の「サ」のように発音 ／ 「ア」の口のまま「ゴ」と発音 ／ 日本語の「リ」のように発音

🔊 音声030

☑ やってみよう ▶ 声に出しながら書いてみよう

お父さん	女性・女子	交差点
アボジ 아버지	ヨジャ 여자	サゴリ 사거리
아버지	여자	사거리

アボジ
아버지！

お父さん！

発音してみよう
③ 激音

▷ 2つの「チャ」

　激音は日本人が発音するのが苦手な発音の1つです。

　激音は名前の通り「激しい音」で、**「息を吐きながら発音する」**とよく説明されています。

　実際の例を見ていきましょう。

🔊 音声031

車	コーヒー	海外
チャ 차	コ ピ 커피	ヘ ウェ 해외

　車の「차」。激音と母音の組み合わせの「차」のふりがなは、「チャ」です。一方、平音と母音の組み合わせの「자」のふりがなも「チャ」です。

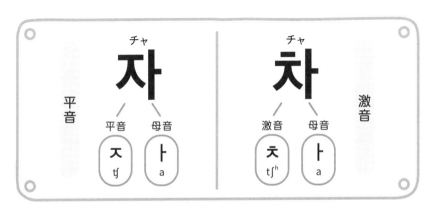

この２つのチャ、じつは微妙なちがいがあるんです！

日本人の耳にはどちらも同じ「チャ」に聞こえてしまいがち。

発音してもどちらの「チャ」を言っているのか韓国の方に伝わらず、「なんて言っているの？」と聞き返されてしまいます。

平音の「차」と激音の「차」。このちがいは本当に難しいのです。

僕は、稲川右樹さん著書の『ネイティブっぽい韓国語の発音』（HANA）に書かれている**「音の波形」**を見て、はじめて理解できるようになりました。本書でも、音の波形を使って説明していきます。

次の図は、平音の「차」の波形と激音の「차」の波形の図です。

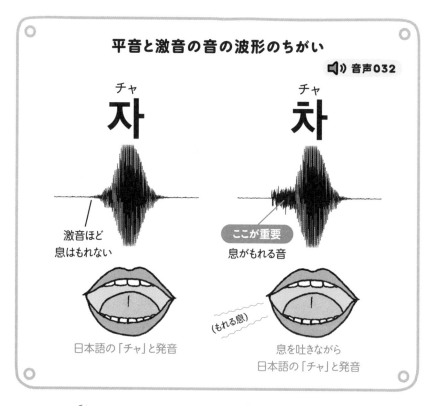

平音と激音の音の波形のちがい

🔊》 音声032

チャ
자

チャ
차

激音ほど
息はもれない

ここが重要
息がもれる音

(もれる息)

日本語の「チャ」と発音

息を吐きながら
日本語の「チャ」と発音

平音の「차」の波形は全体的になだらかな山ができていますが、激音の「차」は山ができる前に少し波ができています。

　これが平音と激音の大きなちがいで、激音が「息を吐きながら」と言われているように、この小さな波は**息のもれる音**なのです。

▷「コーヒー」が「鼻血」に！？

　他の激音を使う単語でも、練習してみましょう。

　コーヒーの「커피」の「커」や「피」は、平音の「거」や「비」と発音が異なります。

　発音する前に、小さな波ができるように息をもらしながら「コピ」と言ってみましょう。

　「커피」の「커」の母音は「ㅓ」なので、**「ア」の口で「コ」**と言いましょうね。

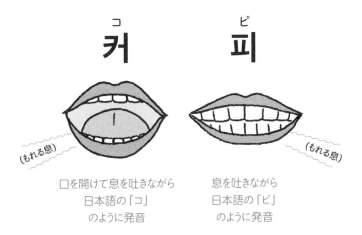

コ
커

ピ
피

(もれる息)　　　　　　　　　　(もれる息)

口を開けて息を吐きながら
日本語の「コ」
のように発音

息を吐きながら
日本語の「ピ」
のように発音

　口を丸めて言ってしまうと、「코」の発音となります。**「코피」**と発音すると、**「鼻血」**という意味に変わってしまうので注意！

　日本人が間違えやすい発音なので、「コーヒーをください（커피 주세요.）」を「鼻血をください（코피 주세요.）」と言い間違えないように気をつけましょう（笑）。

「해외（海外）」の「해」も激音です。

日本語の「へ」も息をもらしているので、日本語と同じ「へ」と言えば大丈夫です。

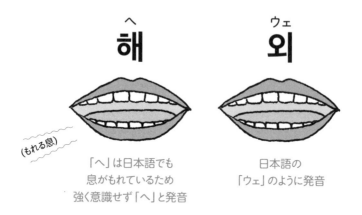

「へ」は日本語でも
息がもれているため
強く意識せず「へ」と発音

(もれる息)

日本語の
「ウェ」のように発音

☑ やってみよう ▶ 声に出しながら書いてみよう

車	コーヒー	海外
차	커피	해외
차	커피	해외

発音してみよう
④ 濃音

▶ 小さな「ッ」の発音が難しい濃音

「濃音」は**「息を出さずに発音する音」**と説明されることもありますが、こちらも日本人にとっては発音しづらく、韓国人に聞き取ってもらえない音の1つです。

実際の単語を見ていきましょう。

🔊 音声033

お兄さん	安い	チゲ（鍋料理）	黒い
オッパ 오빠	ッサダ 싸다	ッチゲ 찌개	ッカマッタ 까맣다

「오빠（お兄さん）」の「빠」が、濃音と呼ばれる子音です。

日本でも流行した「江南スタイル」という曲の歌詞に、「오빤 강남스타일.（お兄さんは江南スタイル）※」というフレーズが出てくるので、「오빠」の発音は聞いたことがある方も多いかもしれませんね。

※意訳すると「俺は江南スタイル」。

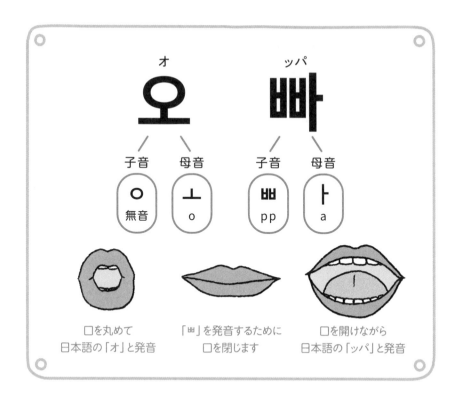

オ
오

ッパ
빠

子音	母音	子音	母音
ㅇ	ㅗ	ㅃ	ㅏ
無音	o	pp	a

口を丸めて
日本語の「オ」と発音

「ㅃ」を発音するために
口を閉じます

口を開けながら
日本語の「ッパ」と発音

▶冒頭に「ッ」がある発音

「**オッパ**」のように、言葉の中に小さい「ッ」があるときは、日本人でも発音しやすいです。一方で、日本語では「**싸다**（安い）」や「**찌개**（チゲ）」のように文頭に小さな「ッ」を入れて発音することはないので、どのように発音していいかわからないですよね。

　発音方法の練習としてよく使われるのが、日本語の言葉をイメージして、**小さい「ッ」の前の言葉を言わない**という方法です。

　「**싸다**（安い）」の「**싸**」の発音は、日本語の「1歳」という単語を発音するときの、「い」を言わない音です。「い」と言うのを我慢して「（い）っさ（い）」だけ声に出してみてください。それが「**싸**」の発音です。

日本語の「1才」の
「い」を言わずに「(い)っさ(い)」のように発音

日本語の
「ダ」のように発音

「찌개（チゲ）」の「찌」の発音もコツがあります。熱いものを触った
ときに「熱（あ）っち」と言ったりしますよね。その「あっち」の「あ」
を発音せずに、「(あ) っち」だけ声に出してください。それが「찌」の
発音です。

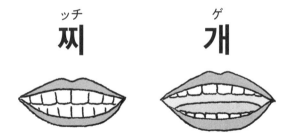

찌　　　　　　　　개

日本語の「ッチ」のように発音　　日本語の「ゲ」のように発音

▶「가」と「까」の発音のちがい

「까맣다（黒い）」の「까」の発音は、暖かく感じるときの「ぽっかぽ
か」の「ぽ」を言わずに「(ぽ) っか」だけ言ってみてください。それ
が「까」の発音です。

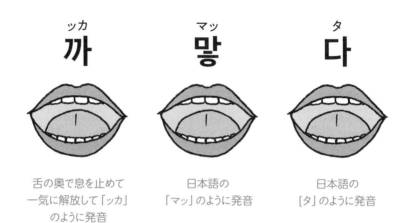

ッカ
까

舌の奥で息を止めて
一気に解放して「ッカ」
のように発音

マッ
맛

日本語の
「マッ」のように発音

タ
다

日本語の
「タ」のように発音

　この表現でも感覚がつかめると思いますが、次の波形図を見るとさら
に理解が深まります。**平音の「가（カ）」と比べると、濃音の「까（ッカ）」は、発音
前に息のもれもなく、急に波形が大きくなっている**のがわかります。

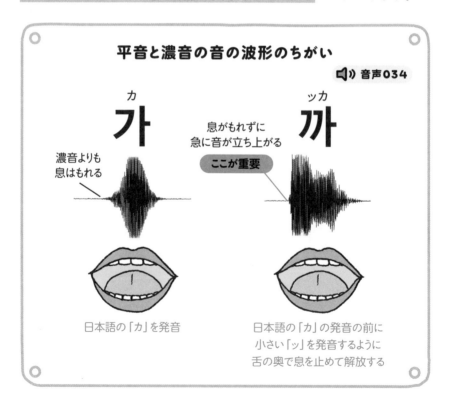

平音と濃音の音の波形のちがい

🔊 音声034

カ
가

濃音よりも
息はもれる

息がもれずに
急に音が立ち上がる

ここが重要

ッカ
까

日本語の「カ」を発音

日本語の「カ」の発音の前に
小さい「ッ」を発音するように
舌の奥で息を止めて解放する

　これが「까」の正体です。息のもれがないので、発音するときに息を出さないように注意しましょう。

　下の図の激音「카」を見てください。波が大きくなる前に小さな波ができていますね。その波は口からもれる息の音です。一方、濃音はその小さな波がいっさい発生しません。**濃音は、急に大きな波がくるように発音**します。

　日本語では同じ「カ」の発音でも、音の波形を見れば、**平音の「カ」と激音の「カ」と濃音の「ッカ」ではまったくちがう**ことが理解できますよね。

音声035

平音	激音	濃音

가（カ）　카（カ）　까（ッカ）

　僕は、この波を意識するようにしたら、劇的に発音がよくなりました！　この音の波を意識して、平音と激音と濃音の使い分けを練習してみてくださいね。

音声033

☑ やってみよう
▶ **単語を声に出しながら書いてみよう**

お兄さん	安い	チゲ（鍋料理）	黒い
オッパ 오빠	ッサダ 싸다	ッチゲ 찌개	ッカマッタ 까맣다
오빠	싸다	찌개	까맣다

発音してみよう
⑤ 合成母音

▶ **分解すれば発音の仕組みがわかる**

合成母音は、**文字を1つひとつ分解してみる**と発音がわかります。

🔊》 **音声036**

お菓子	位置	医者
ᵏᵘᵃʲʸᵃ **과자**	ʷⁱᶜʰⁱ **위치**	ʷⁱˢᵃ **의사**

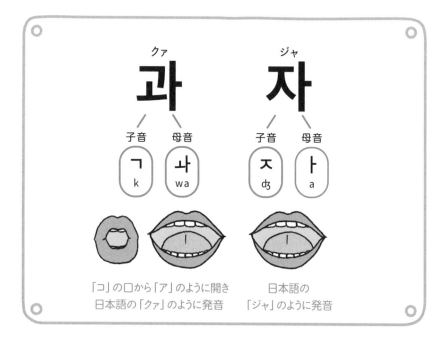

クァ **과**　ジャ **자**

子音	母音		子音	母音
ㄱ k	ㅘ wa		ㅈ ʤ	ㅏ a

「コ」の口から「ア」のように開き
日本語の「クァ」のように発音

日本語の
「ジャ」のように発音

「과자（お菓子）」の「과」は、子音の「ㄱ」と合成母音の「ㅘ」が組み合わさってできている文字です。「ㅘ」を分解してみると、「ㅗ」と「ㅏ」が組み合わさっています。「ㄱ」と「ㅗ」に続けて「ㅏ」を一息で言えば、「クァ」と発音できます。そのあとに続く「자」は濁って、「クァジャ」となります。

CHAPTER

2

▶「위」と「의」の読み方のちがいって？

続いて、「위치（位置）」と「의사（医者）」を見ていきましょう。
「위」と「의」は、ふりがなは同じ「ウィ」ですが、分解して発音すればそれぞれの発音のちがいがわかります。

まず、位置を意味する「위치」の「위」。合成母音の「ㅟ」は「ㅜ」と「ㅣ」が組み合わさっており、子音の「ㅇ」は無音のため「ㅜ」と「ㅣ」だけ言うことになります。そのため「위」は、口を丸めて「ㅜ」と言い、最後に「ㅣ」と一息で言えば「위」と発音できます。

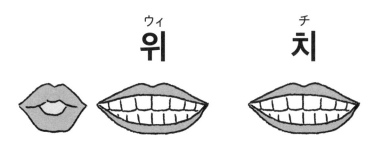

ウィ

위

チ

치

口を丸めた「ウ」の口から
「イ」の口に移動し、
日本語の「ウィ」のように発音

息を吐きながら
日本語の
「チ」のように発音

一方で、医者を意味する「의사」の「의」。合成母音の「ㅢ」は、「ㅡ」と「ㅣ」が組み合わさっているので、「イ」の発音をするときの口の形のように、横に広げたまま「ㅡ」と言い、最後に「ㅣ」と一息で言

ゼロから韓国語が身につく！ 9つのSTEP

91

えば「<ruby>의<rt>ウィ</rt></ruby>」と発音できます。

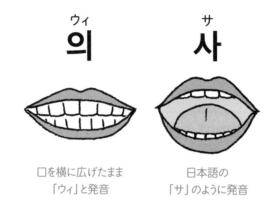

의 (ウィ)
口を横に広げたまま
「ウィ」と発音

사 (サ)
日本語の
「サ」のように発音

ちょっと難しいですよね？

　ただ、今の段階では、ここまで正確に発音できる必要はないので、ちょっとちがいがあるんだなぁと、頭の片隅に置いておいてください。

　正確に発音したい人は、発音アプリなどを使って自分の発音をたしかめてみましょう。

🔊 **音声036**

☑ **やってみよう**
▶ **声に出しながら書いてみよう**

お菓子	位置	医者
과자 (クァジャ)	위치 (ウィチ)	의사 (ウィサ)
과자	위치	의사

発音してみよう
⑥ パッチム

▷ 一番の難関「パッチム」。でも発音は7つだけ！

　最後に一番の難関「パッチム」です。ここは挫折する人が本当に多い発音です。

　でも、パッチムの発音自体は**7通り**しかありません。

　次の7通りの口の形や発音方法を、しっかり1つずつ覚えていきましょう。

🔊 音声037

発音	ㄱ [k]	ㄴ [n]	ㅇ [ŋ]	ㅁ [m]	ㄷ [t]	ㅂ [p]	ㄹ [l]
カタカナ表記	ク	ン	ン	ム	ッ	プ	ル

　いきなり全部覚えなくていいので、だいたいこの形はこの読み方というのをまず頭に入れておきましょう。

　そして、パッチムを発音するときに一番意識することは**「音をつくる場所」**です。音をつくる場所を意識しながら発音すると上達の近道になります。1つひとつ音の場所のイラストを見ながら、少しずつ覚えていきましょう。

❶「ㄱ」の発音

　パッチムの「ㄱ／ク」を発音するときは、**舌の奥・のどのあたり**で音をつくります。

　「ク」と言いかけて舌の奥、のどの手前あたりで「ク」の音を止めてください。それがパッチムの「ㄱ」です。

パッチム「ㄱ／ク」

ここを意識して発音

舌の奥・のどのあたりが「ㄱ」の音をつくる場所

　この説明を聞いただけで発音できた方は天才です（笑）。

　このように説明している本はたくさんあるのですが、僕はこの説明ではよくわかりませんでした……。

　それでは、今から超わかりやすく解説しますね。

　じつは**「ㄱ」の発音は、日本語にもある**んです！

　女性の方は、「**パック**」しますよね。

　男性でも「パック」をする時代になりましたが、**この「パック」の「パ」のあとに「ク」を言う前の小さい「ッ」の口の形で止めてください**！

　のどがキュッと締まっている感じがしませんか？　それが「ㄱ」のパッチムの発音であり、口の形です。

それでは、「パック」の「パッ」だけ言ってみましょう。「パック」の「ク」は発音しませんが、「ク」と言おうとはしてくださいね。舌の奥、のどのあたりを意識して「ク」を言わずに「パッ」で止めてください。言えましたか？　それが韓国人の名字などでも使われている「<ruby>박<rt>パク</rt></ruby>」という発音です。

「ック」と言おうとすると、「ッ」の音と口の形が「ㄱ」のパッチムになるんです。
「**バック**」や「**ブック**」、「<ruby>**億劫**<rt>オックウ</rt></ruby>」と声に出して言ってみてください。
「ッ」ののどのあたりの動きは、どれも同じになっていませんか。それが「ㄱ」の発音です。

ちょっとできる気になってきましたかね？
それでは下の3つの単語を発音してみましょう。

🔊 音声038

食事	学期	始まり
<ruby>식사<rt>シクサ</rt></ruby>	<ruby>학기<rt>ハクキ</rt></ruby>	<ruby>시작<rt>シジャク</rt></ruby>

「<ruby>학기<rt>ハクキ</rt></ruby>（学期)」は言いやすいです。
「<ruby>학<rt>ハク</rt></ruby>」のパッチムの「ㄱ」と、「<ruby>기<rt>キ</rt></ruby>」の子音「ㄱ」が続いているので、日本語の発音のまま「**ハッキ**」※と言っても通じるくらいです。
　小さい「ッ」のあとが「カ行（k)」になっているので、「ㄱ」のパッチムは日本人にとってはとても発音しやすいです。
※「<ruby>학기<rt>ハクキ</rt></ruby>」の発音をハングルで表記すると、「학끼 (hak-kki)」となります。「기」の発音が「끼」になっている理由は、「濃音化」のためです。濃音化については、次の STEP で紹介します。

　一方、「<ruby>식사<rt>シクサ</rt></ruby>（食事)」は言いづらくありませんか？　<ruby>식사<rt>シクサ</rt></ruby>の場合、小

さい「ㅋ」のあとの発音が「カ行」ではありません。小さい「ッ」のあとの発音が「サ行」になっているので、「ㄱ」のパッチムはとても発音しづらいのです。でも、これも次の説明できっと理解できるはず！

「シックなデザイン」は好きですか？　上品であか抜けている「シックなデザイン」のレストランなどで、優雅な時間を過ごしたいですよね。
　この「シック」の「シッ」だけ発音して、「ク」は言わないでください。その「シッ」が「식」の発音です。

「シック」と言いかけて、「ク」を「サ」に変えてください。ゆっくりでいいですよ。ゆっくり「シック」と言いかけて、「ク」のかわりに「サ」と言うんです。ゆっくり「シッ」と一息で言って、そのあとにゆっくり「サ」と言って、徐々に速めて言いましょう。

「シッ（ク）サ」「シッ（ク）サ」「シッ（ク）サ」 …… 「シㇰサ」

　いかがでしょうか？
　言えるようになりましたよね。これでもう、パッチムの１つをクリアしちゃいました！

　このように**パッチムの「ㄱ」は、「ック」と言おうとするときの「ッ」の音と同じ口の形**です。これから「ㄱ」使った発音しづらい単語や文章が出てきたら、この「シック」の「ッ」を思い出しましょう。

② 「ㄴ」の発音

　パッチムの「ㄴ」の発音は、**日本語にもある「ン」の発音**です。
「ㄴ」の音をつくる場所は鼻の中央あたりで、舌先を上の前歯の裏につ
けて「ン」と発音します。舌先を少しかむ感じで舌が少し見えるように
発音すると、「ㄴ」のパッチムを発音しているのだと理解してもらいや
すくなります。

パッチム「ㄴ」

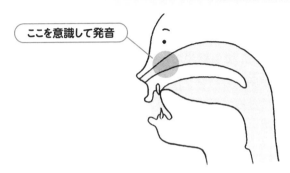

ここを意識して発音

音をつくる場所は鼻の中央あたり。舌先を上の前歯の裏につけて発音

　これも**超かんたん**に解説しますね。
「ん」だけを発音するときと、「かんたん」の「ン」の発音をするとき
の口の形はちがいませんか？
「ん」だけを発音するときの口の形は、口を閉じて発音しますよね。で
も「かんたん」の「ン」の発音は、舌先を上の前歯の裏につけて「ン」
と発音してませんか？
　そうなんです。日本語の「ん」の発音は１つじゃな
いんです。

　僕はパッチムを勉強していたときに、日本語の「ん」の発音が複数あ
ることをはじめて知り、衝撃を受けました。
　この「かんたん」の「ン」の音と口の形がパッチムの「ㄴ」です。

それでは、次の単語で発音を練習してみましょう。

かんたん	時間	韓国
カンダン 간단	シガン 시간	ハングク 한국

音声を聞いてくれた人はわかると思いますが、「간단（かんたん）」の発音、ちょっとびっくりしませんでしたか？
「韓国語でも日本語の『かんたん』と発音がほぼ同じなの？」って。

そうなんです。CHAPTER1 でも解説した通り、韓国ではもともと漢字を使っていたので、**漢字由来のハングル**も多く存在しています。
そのため、漢字が由来になっている日本語と似ている単語もたくさんあり、とても覚えやすいのです。

「간단」のパッチムはどちらも「ㄴ」なので、舌先をしっかり上の前歯の裏につけて「ン」と発音しましょう。
「단」は1文字なら「タン」と読みますが、「ㄷ」が単語のはじめではなく最後にあるので、濁音となり「ダン」と発音します。

「시간（時間）」の「간」は、「간단」の「간」と同じです。単語のはじめの場合は「カン」と読みますが、「시간」の「간」は単語の最後にあるので、「ガン」と濁音になります。濁音化については次の STEP で改めて説明するので、安心してくださいね！

「한국（韓国）」の発音はできましたか？
先ほど解説した「ㄱ」のパッチムもあるので、「한」のパッチム「ㄴ」の音、口の形に気をつけつつ、「국」の「ㄱ」を濁音させます。
先ほど覚えた、パッチム「ㄱ」の「ック」と言おうとするときの「ッ」

の音と口の形を思い出して、「ハングｸ」と言いましょう。言いづらかったら、まず「ハングック」と言ってみてください。これは言いやすいはずです。次に「ハングック」の最後の「ク」だけ言わずに、「ハングッ（ク）」と言ってみてください。その発音が「<ruby>한국<rt>ハングｸ</rt></ruby>」です。

❸「ㅇ」の発音

パッチムの「ㅇ」の発音は、**「ㄴ」の「ン」の発音とは音や口の形がちがいます。**

「ㅇ」の音をつくる場所は**鼻の奥**で、**口を開けたまま発音**します。

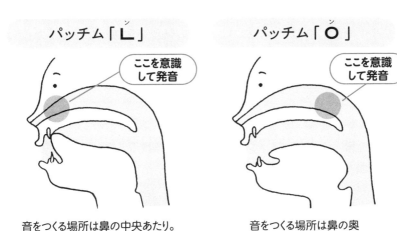

パッチム「ㄴ」　　　　　　パッチム「ㅇ」

ここを意識して発音　　　　ここを意識して発音

音をつくる場所は鼻の中央あたり。　　音をつくる場所は鼻の奥
舌先を上の前歯の裏につけて発音

「感覚（か**ン**かく）」の「ン」を発音するときは、口を開けたままで、鼻の奥あたりで少し震えて音が出てくる感覚がありませんか？　それが「ㅇ」のパッチムの「ン」の音と口の形です。

ちょっとわかりづらいな〜と感じたら、「かン〜〜〜〜かく」と「ン」の音を口を開けて伸ばしてみてください。ちょっと鼻の奥がブルブルしている感じがありませんか？　それが「ㅇ」です。

今覚えた「感覚」の「ン」の音と口の形を忘れる前に、「<ruby>강<rt>カン</rt></ruby>」と言ってみましょう。

先ほど練習した「ㄴ」のパッチムは舌先を上の前歯の裏につけますが、「ㅇ」は舌を動かさずに口を開けたまま発音するので、「ㄴ」の「ン」と「ㅇ」の「ン」は音がちがうことを確認できると思います。

　それでは、次の単語で発音を練習してみましょう。

🔊 音声040

子犬	市場	漢江
カンアジ 강아지	シジャン 시장	ハンガン 한강

　言いづらいパッチムはありましたか？

「강아지（子犬）」は「ㅇ」のパッチムの発音を意識しながら「カ」「ン」と２文字の発音にならないように、「**カ**ン」と一息で言いましょう。「지」は、単語の最後にあるので濁音になり、「カンア**ジ**」と発音します。

「시장（市場）」は「장」が単語の最後なので、「チャン」ではなく「**ジャ**ン」と濁音となります。「ジャン」と言い終わるまで、口を閉じないように意識しましょう。

「한강（漢江）」は、韓国ソウルの中心を流れる大きな川の名前です。「ン」が２つですが、パッチムが「ㄴ」と「ㅇ」で異なるので、発音する際は口の形、音を出す場所を意識して「한강」と言いましょう。

「ン」の発音が２パターン出てきて大変でしたね。

　この「ン」の使い分けは、何年勉強しても、できない人もいるぐらいです。

　最初から完璧に発音するのは難しいので、「ンは複数のパターンがあるんだな」ぐらいに覚えておきましょう。

④「ㅁ」の発音

　パッチムの「ㅁ」の発音は、CHAPTER1でも紹介した通り、口を閉じて「ム」と発音するのですが、日本語でいうと**「ム」よりも「ン」の発音に近い**です。でも、だからと言って「ン」とは認識しないほうがいいので、**口を閉じて「ム」**と言うように意識しましょう。

　「ㅁ」の音をつくる場所は鼻の先です。

パッチム「ㅁ」

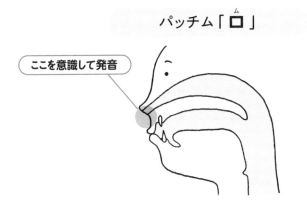

ここを意識して発音

音をつくる場所は鼻の先。口を閉じて鼻先を意識

　この「ㅁ」のパッチムも、日本語でふだんから使っています。
　お祝いするときは、みんなで「乾杯（かんぱい）」すると気分が盛り上がりますよね。

　「乾杯（かんぱい）」の「ン」が、「ㅁ」のパッチムの音なんです。
　「かんぱい」の「ン」で止めてみてください。口が閉じていませんか？
　そしてその「ン」を伸ばすと鼻の先がピクピク震動していませんか？
　それがパッチムの「ㅁ」の音が出せていた証拠です。
　他にも「任務（にンむ）」や「群馬（ぐンま）」といった単語の「ン」がパッチム「ㅁ」の音です。
　ただし、先ほど言った通り「ㅁ」を「ン」と認識しないほうがいいの

で、口の形や音をつくる場所を覚えたところで、**発音自体は「ン」ではなく「ム」**と覚えておきましょう。

　それでは、次の単語で発音を練習してみましょう。

🔊 **音声041**

風邪	男性	匂い・臭い
カムギ **감기**	ナムジャ **남자**	ネムセ **냄새**

　どれも「ㅁ」のパッチムを「ム」の認識で、「<ruby>감<rt>カム</rt></ruby>」や「<ruby>남<rt>ナム</rt></ruby>」や「<ruby>냄<rt>ネム</rt></ruby>」と言うように心がけましょう。

　そして「<ruby>감기<rt>カムギ</rt></ruby>（風邪）」の「기」は単語の最後にあるので、「キ」ではなく、「ギ」と濁音で発音します。「<ruby>남자<rt>ナムジャ</rt></ruby>（男性）」の「자」も同様に、単語の最後にあるので、「チャ」ではなく、「ジャ」と発音するようにしましょう。

　もう難関のパッチムを４つも覚えちゃいましたね！　すごい！
　疲れていたら無理しないでくださいね！
　１回本を閉じても大丈夫です！　疲れがとれたら、また本を開いて続きを一緒に勉強していきましょうね！

5 「ㄷ」の発音

　パッチムの「ㄷ」の発音は、**日本語の小さい「ッ」の発音**です。日本人にとっては言い慣れた発音で、一番発音しやすいパッチムです。

　「ㄷ」の音をつくる場所は、上の歯の裏や口の中央あたりです。
　舌先を、上の前歯の裏に当てて発音します。

パッチム「ㄷ」

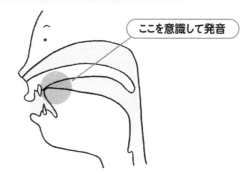

ここを意識して発音

音をつくる場所は上の前歯の裏や口の中央あたり

　「絶対」あきらめなければこのパッチムも、韓国語も話せるようになるので、一緒にがんばりましょうね！
　この「絶対」の「ゼッ」で、発音と口の形を止めてみてください。それが「ㄷ」のパッチムの音と口の形です。他にも、「きッと」や「終わッた」などのように後ろにタ行がくる「ッ」は、「ㄷ」のパッチムを使っていることになります。

　それでは、次の単語で発音を練習してみましょう。

歩く	すぐ	ある・いる
コッタ 걷다	コッ 곧	イッタ 있다

「걷다（歩く）」と「곧（すぐ）」の発音。

　ちゃんと口の形を変えて発音したあなたは、プロです（笑）！

「걷다」の「걷」は口を開けて「コ」と言いますが、「곧」は口を丸めて唇を突き出して「コ」と言います。母音の**「ㅓ」と「ㅗ」のちがい**があるからですね。

　小さい「ッ」は言い慣れていても、「거」や「고」の発音は慣れていないので、ちょっと言いづらいかもしれません。すぐにできなくても大丈夫なので、発音練習をくり返して徐々に慣れていきましょう。

「있다」は「ㄷ」のパッチムじゃないじゃん！　と思うかもしれませんが、じつは**パッチムの「ㅆ」は「ㄷ」と同じ発音**なんです。

「パッチムの発音」は7通りですが、「パッチムの種類」はたくさんあります。パッチムの発音については、最後にまとめて紹介するので（P111）、あとでゆっくり見てみてください。

6 「ㅂ」の発音

　パッチムの「ㅂ」の発音は、**「プ」と言いかけて唇を閉じて音を止めるような発音**です。この「ㅂ」も発音が少し難しいです。

「ㅂ」の音をつくる場所は**唇**です。

パッチム「ㅂ」

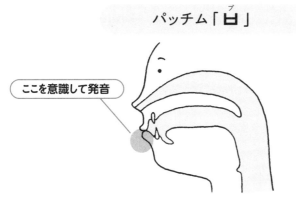

ここを意識して発音

音をつくる場所は唇。唇を閉じて発音

　少し発音しづらいですが、「ㅂ」のパッチムもじつは日本語で普段から発音しているんです。

「ハッピー」と言ってみてください。

「ハッピー」の「ハッ」で発音と口の形を止めると、口を閉じて音を止めてませんか？　それが「ㅂ」の音と口の形です。

　「葉ッぱ」や「ほッペ」なども同じです。間の小さい「ッ」の音と口の形が、韓国語の「ㅂ」のパッチムなんです。

「言いやすい。これならできるかも!?」と思えてきませんか？

　それでは、次の単語で発音を練習してみましょう。

🔊 音声043

ご飯	暑い	ホルモン
パプ **밥**	トプ タ **덥다**	コプチャン **곱창**

「밥（ご飯）」は発音できましたか？　1文字だけの発音は、意外と難しいですよね。

　日本語にない発音ですが、かんたんに言えるようになる練習をしま

す。まず、「パップ」と言ってみてください。

　小さい「ッ」のときに口を閉じてますよね。**その小さい「ッ」が「ㅂ」のパッチムの発音**です。

　そして最後の「プ」を言わずに「ッ」で止めて、「パッ（プ）」と言ってみてください。それが「밥」の発音です。

　「덥다（暑い）」も言いづらかったら、まず「トップ」と言ってみてください。その「トッ（プ）」が「덥」の発音です。最後に「プ」を言わずに「タ」と言えば「덥다」の発音になります。

　「곱창（ホルモン）」も、まず「コップ」と言ってみてください。この「コッ（プ）」が「곱」の発音です。続けて、日本語で「りさ**チャン**」など、名前につける発音で「**チャン**」と言うと、「곱창」の発音ができます。

❼「ㄹ」の発音

　さぁ最後のパッチムです。この「ㄹ」のパッチムは日本人がとても苦手な発音になるので、ちょっとがんばって練習しましょう。

　パッチムの「ㄹ」の発音は、まず舌先を上の前歯の裏につけます。そのまま舌の位置をキープして「ル」と発音します。

　「ㄹ」の音をつくる場所は、「ㄷ」のパッチムとほぼ同じ、上の歯の裏です。

パッチム「ㄹ」

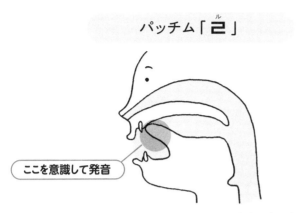

ここを意識して発音

音をつくる場所は上の歯の裏。舌先を上の前歯の裏に当てて発音

「ㄹ」の発音は、**英語の「L」**の発音と似ています。

　英語の授業などで練習したことがある方はわかると思いますが、「L」は発音するのがけっこう難しいですよね。

「ㄹ」の音は日本語にはない発音なので、最初のうちは難しく感じるかもしれません。でも、練習するうちに舌が慣れて、うまく発音できるようになってきます。あせらずやっていきましょう。

🔊 音声044

卵	言葉	カキ（海産物）
アル **알**	マル **말**	クル **굴**

　まずは「알（卵）」。口に力を入れずにリラックスして、「アー」と少し伸ばす感じで言いましょう。そのあと舌だけ動かします。舌先を上の前歯の裏に当てて、「ルー」と言ってみてください。口を丸めないように気をつけましょう。口はリラックスして開けた状態で、舌だけを動かしてみてください。

「アー」「ルー」と何度か伸ばしながら言って舌の動きを確認できたら、

少しずつ伸ばすのをやめて、一息で「アル」と言ってみてください。

日本語の「ア」を伸ばして
「アー」と発音

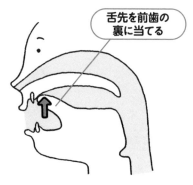

舌先を前歯の
裏に当てる

口の形はそのまま、舌だけ動かして
「ルー」と発音

① 舌の動きを確認しながら発音：「アー」「ルー」

② つなげて一息で発音：「アールー」

③ 伸ばすのを徐々にやめて発音：「アル」

　徐々に「알」の発音ができてきているはずです。

「ㄹ」の音や口の形を忘れないうちに、「말（言葉）」の練習も同じように
やってみましょう。

　はじめは、「マ」を発音するために口を閉じていますが、「マー」と伸
ばしてから、「ルー」と言うと、先ほど練習した「アー」「ルー」と同じ
口の動きになりますよね。最初は伸ばしながら、徐々に間隔を短くして
いくと「マル」と発音できるようになります。

　「굴（カキ）」は、口を丸めた「ク」の発音から始まります。「알」や
「말」と口の形が少し異なりますが、舌の動きは同じです。「クー」と
伸ばして、舌だけを動かして「ルー」と言ってみましょう。徐々に間隔
を短くして一息で「クル」と発音してみてください。

　少しできた感覚がわきましたか？

「ㄹ」のパッチムは、何度も練習をしていくと絶対に言えるようになるので、もし今うまくできていないと感じたとしても大丈夫です。新しい単語を覚えながら、「ㄹ」の発音も覚えていきましょう。

▷「二重パッチム」とは？

　これでパッチムの7通りの発音は終了です。たくさんあって大変でしたね。先ほども少しお伝えしましたが、パッチムの発音は7つだけですが、P111の一覧の通り、パッチムの種類はたくさんあります。その中でもややこしいのが**「二重パッチム」**です。
「ㄲ」「ㅆ」「ㅄ」のように、**子音が2つ組み合わさっているパッチムのことを「二重パッチム」と言います。**

「二重だから、2つのパッチムを読むの？」と思ったかもしれませんが、**基本的には左側のパッチムの音を読めば大丈夫です。**
　二重パッチムの文字が出てきたら、左側のパッチムの音を発音しましょう。
　ただ、例外として**「ㄺ」「ㄻ」「ㄿ」だけは右側のパッチムの音を発音**します。

　少しややこしく感じるかもしれませんが、複雑に考えなくて大丈夫です。日本語でも、たとえば「生」という文字を「せい」と読んだり、「なま」と読んだり「しょう」と読んだりと、たくさんの読み方がたくさんあります。
　日本語で、「この文字はこういう読み方をするんだ」と1つひとつ覚えたように、韓国語もこの文字はこういう読み方をすると覚えればいいだけです。

　基本的にはパッチムの左側を読みましょう。たまに例外が出てきたと

きに間違えたら、そのときに**「あっ！　この二重パッチムは左じゃなくて右ね！」**と覚えていけばいいのです。

　日本人だって、「押印<ruby>押印<rt>おういん</rt></ruby>」を「おしいん」と読んでしまう僕のような人もいるんです！　　間違えたときに覚えれば大丈夫です。

　いろいろな発音が出てきて大変でしたね。
　少し休んで、次の STEP に進んでいきましょう。

パッチムの発音一覧

🔊 音声045

発音	種類	声の出し方	発音のヒント
ㄱ [k]	ㄱ, ㅋ, ㄲ, ㄳ, ㄺ 例 식사（食事） 닭（鶏）	「ク」と言いかけて舌の奥で音を止めるような発音。鼻から音を出さないように注意	ッのあとにカ行、ガ行がくるときの「ッ」の音 例 シック、コック、学校
ㄴ [n]	ㄴ, ㄵ, ㄶ 例 간단（簡単） 준비（準備）	舌先を上の前歯の裏につけて「ン」と言うような発音	ンのあとにタ行、ダ行、ナ行、ラ行がくるときの「ン」の音 例 コンタクト、感動、安定
ㅇ [ŋ]	ㅇ 例 시장（市場） 사랑（愛）	鼻の奥で「ン」と言うような発音	ンのあとにカ行、ガ行がくるときの「ン」の音 例 感覚、信号、換気
ㅁ [m]	ㅁ, ㄻ 例 남자（男性） 김치（キムチ）	口を閉じて「ム」と言うような発音	ンのあとにマ行、パ行、バ行がくるときの「ン」の音 例 群馬、金木犀、音波
ㄷ [t]	ㄷ, ㅌ, ㅅ, ㅆ, ㅈ, ㅊ, ㅎ 例 걷다（歩く） 있다（いる・ある）	日本語の小さい「ッ」と言うような発音	ンのあとにタ行、ダ行がくるときの「ッ」の音 例 勝った、カット、切手
ㅂ [p]	ㅂ, ㅍ, ㅄ, ㄿ 例 밥（ご飯） 김밥（海苔巻き）	「プ」と言いかけて唇を閉じて音を止めるような発音	ッのあとにパ行、バ行がくるときの「ッ」の音 例 カッパ、カップ、葉っぱ
ㄹ [l]	ㄹ, ㄼ, ㄽ, ㄾ, ㅀ 例 말（言葉） 일（仕事）	舌先を上の前歯の裏につけ、音を止めずに舌の位置をキープして「ル」と言うような発音	日本語にはない発音

CHAPTER

2

ゼロから韓国語が身につく！ 9つのSTEP

韓国語で「八方美人」はよい意味!?

　韓国語には漢字由来の言葉もたくさんあり、日本語と同じ言葉が使われていることもあります。

　同じ意味の言葉がある一方で、同じ言葉なのにまったく異なる意味を持つ場合もあります。

　たとえば「八方美人」という言葉。

　日本では誰に対してもいい顔をして、嫌われないように言動をコロコロ変えるような人に対して、揶揄する際に使われることが多い言葉ですよね。

　一方で、韓国の**「八方美人（팔방미인）」**という言葉は、**どこから見ても非の打ちどころがまったくない美人**という意味です。「勉強もできて、スポーツもできて、すべて完璧な人ですね！」というほめ言葉として使われています。

　このほかにも、日本の漢字表記と同じでも、意味がまったく異なるものがあります。

　たとえば**「愛人（애인）」**。日本語で「愛人」というと、不倫関係を連想する言葉ですが、韓国語の場合は、**「恋人」**という意味になるんです。

　こんなふうに日本語と韓国語は一見同じ言葉だけれども、言葉の使い方が少し異なる場合があります。2つの国の言語のちがいを楽しみながら、勉強を進めていきましょう。

発音のルールを覚えよう

▷ ルールを覚えると、勉強が一気にラクになる

　ここからは**「韓国語の発音のルール」**についてくわしく見ていきましょう。「さっき韓国語の発音のしかたを覚えたのに、今度は発音のルール!?　しんど！」と思いますよね。でも、ここで改めて発音のルールを押さえておくと、「あ、そういうことなのね！」と韓国語の聞き取りも発音も一気に上手になります。

　ここでは、韓国語の発音のルールのうち、代表的な9つのルールを学んでいきます。

韓国語の発音のルール	① 有声音化	② 連音化	③ 激音化
	④ 濃音化	⑤ 「ㅎ」の弱音化	⑥ 流音化
	⑦ 口蓋音化	⑧ ㄴ添加	⑨ 鼻音化

　1つひとつ丁寧に説明していきますが、覚える発音のルールが多いので、少し飽きてしまうかもしれません。

　とくにくわしく知りたいわけではない人は、「あ、そういうルールもあるのね」と軽く読み飛ばしてもらっても OK です。くわしく知りたくなったときに、読み返してみてください。

　ここで紹介する9つのルールさえ押さえれば、日常会話レベルで言いたいことの発音はほとんどクリアできます。日常会話への第一歩として、1つずつ韓国語の発音のルールを覚えていきましょう。

発音のルールを覚えよう
① 有声音化

▷ 言葉が「濁る」変化

　まずはじめに、**「有声音化」**を見ていきましょう。有声音化とは、かんたんに言うと、「タ」が**「ダ」**になったり、「カ」が**「ガ」**になったり、**発音が「濁音」になる変化**のことです。

　濁音になるのは一定のルールがあります。

　そのルールとは、**「ㄱ」「ㄷ」「ㅂ」「ㅈ」**の子音は、**「単語の頭文字になるとき以外は濁音になる」**です。具体的に見ていきましょう。

有声音化

ハン　　　グク

子音の「ㄱ」「ㄷ」「ㅂ」「ㅈ」は
単語の頭文字以外は濁音に変化する

※前の文字のパッチムが「ㄴ」「ㄹ」「ㅁ」「ㅇ」以外のパッチムだった場合は、
　別の変化をして、濁音にはならないので注意。

　「한국（韓国）」の「국」は、単語の文頭にあれば、「ク_ク」と濁らないのですが、単語の中や最後の文字のときは「グ_ク」と濁ります。

ただ、**前の文字のパッチムが「ㄴ」「ㄹ」「ㅁ」「ㅇ」以外のパッチムの場合は、濁音にはならず、平音のまま発音する場合もある**ので注意が必要です。

次の3つの単語は有声音化している単語です。音声を聞いて、発音してみましょう。

🔊)) **音声047**

韓国	時間	眼鏡
ハン グ ク **한국**	シ ガン **시간**	アンギョン **안경**

個人的には、「有声音化」というルールの名称までは覚えなくてもいいのでは、と思っています。

これから「濃音化」や「連音化」といった発音の変化を紹介していきますが、韓国人に聞いても、「連音化って何？」「濃音化？ 何それ？」という話になります。

僕が韓国人と会話してきた感覚だと、韓国語を発音する口の形で話しやすく発音していたら、「한국」は「ハンクク」とはならず、濁音になって「ハングク」と言ってしまっているという感覚です。

もっと言えば、「ㄱ」「ㄷ」「ㅂ」「ㅈ」の子音が頭文字のときは濁らないと言いましたが、実際は濁音になって聞こえることもあります。

▶ チュセヨ？ ジュセヨ？

たとえば「주세요（〜ください）」。「주세요」だけで発音するとき、「주」は頭文字なので、有声音化のルールに従えば、濁音にはならないはずです。でも、「チュセヨ」ではなく、「ジュセヨ」と言っているように聞こえることがあります。

115

韓国人は「チュ」なのか「ジュ」なのか意識的に言っているわけではなく、韓国語を発音する口の形で「주세요」と言ったら、たまたま日本人の耳には**「チュセヨ」寄りの発音に聞こえたり、「ジュセヨ」寄りの発音に聞こえるだけ**なんです。

　たとえば、韓国の有名リゾート地「제주도（済州島）」。日本人は「チェジュ」と発音しますが、英語の綴りは「Jeju」です。韓国の方の発音を聞いても「チェジュ」と言う人もいるし、「ジェジュ」と言う人もいます。どちらの発音で言っても通じます。

　韓国語では「チェ」でもなく「ジェ」でもなく、「제」として発音しているだけなんだと認識しておきましょう。

🔊 **音声047**

☑ **やってみよう** ▶ **声に出しながら書いてみよう**

韓国	時間	眼鏡
<ruby>한국<rt>ハングク</rt></ruby>	<ruby>시간<rt>シガン</rt></ruby>	<ruby>안경<rt>アンギョン</rt></ruby>
한국	시간	안경

STEP 4　発音のルールを覚えよう
② 連音化

▷ パッチムと母音が組み合わさる発音のルール

「**連音化**」は、**パッチムのあとに「母音の発音」が続くと、パッチムと母音が組み合わさって発音されること**です。

「パッチムのあとに母音の発音が続く」というのは、**「ㅇ（無音）」の子音が続く文字**のことですね。実際に単語で見てみましょう。

連音化

단^タ 어^ノ

発音:다너

パッチムのあとに母音の発音が続くと、
パッチムと母音が組み合わさって発音される

🔊 音声049

単語	日本語	発音
단어 タノ	일본어 イルボノ	발음 パルム

「단어^{タノ}（単語）」は1文字ずつ読むと、「단^{タン}」「어^オ」です。「단^{タン}」に続いて

いる「어」の「ㅇ」は無音の子音のため、連音化によって「ㅓ」という母音のみ発音します。「ㅓ」の前に「ㄴ」のパッチムのある「단」があるので、パッチムの「ㄴ」と母音の「ㅓ」が組み合わさって、「너」の発音になるのです。そういうわけで、「단어」は「タンオ」ではなく、「タノ」という発音になります。

　「일본어（日本語）」や「발음（発音）」も、前の単語のパッチムと後ろの単語の母音が組み合わさります。
　「일본어」の場合、「본」のパッチム「ㄴ」と、「어」の母音「ㅓ」が組み合わさって、「너」の発音になります。
　「발음」はまず、「발」と発音してみてください。次に、パッチムの「ㄹ」の発音で舌先が前歯の裏にくっついた状態のあとに、「음」と発音します。舌先を前歯の裏から離しながら「으」の発音をすると、勝手に「르」の発音になってしまいますよね。「발음 パルウム」が「바름 パルㇺ」という発音に変化してしまうのです。

　連音化、少しずつわかってきましたか？　なお、**発音の変化はあくまで発音が変わるだけで、単語の表記自体は変わりません**。これから説明する「激音化」や「濃音化」なども同様です。発音の変化によって、文字の表記と実際の発音が異なる場合があると覚えておきましょう。

☑ やってみよう ▷ 声に出しながら書いてみよう　　🔊 音声049

単語	日本語	発音
단어 [다너]	일본어 [일보너]	발음 [바름]
단어	일본어	발음

※［　］内は韓国語の発音表記です。

発音のルールを覚えよう
③ 激音化

▶ 「ㅎ」の前後に、「特定の子音」がくると「激音」に変化

「激音化」 は、「ㄱ」「ㄷ」「ㅂ」「ㅈ」のパッチムのあとに「ㅎ」が続く場合、もしくは「ㅎ」のパッチムのあとに「ㄱ」「ㄷ」「ㅂ」「ㅈ」が続く場合に、これらの子音が**激音に変化**することです。

例 「ㄱ→ㅋ」「ㄷ→ㅌ」「ㅂ→ㅍ」「ㅈ→ㅊ」

激音化

イ　　　パク

発音:이팍

「ㄱ」「ㄷ」「ㅂ」「ㅈ」のパッチムのあとに「ㅎ」が続く、または「ㅎ」のパッチムのあとに「ㄱ」「ㄷ」「ㅂ」「ㅈ」が続くと、子音が激音に変化

🔊 音声050

入学	よい	ユッケ
イ パク **입학**	チョ タ **좋다**	ユ クェ **육회**

「입학（入学）」は、「입」の文字のあとに「학」の「ㅎ」の子音がある

119

ため、パッチムの「ㅂ」が激音に変化して「이팍」という発音に変わります。**変化するときに「ㅎ」の発音は消えてしまいます。**

　実際に発音しながら考えるとわかりやすいです。

「입」のパッチム「ㅂ」を発音すると、「プ」と言いかけて口を閉じた状態の口になりますよね。そのまま「학」の「하」を発音しようとすると、「プ」と言いかけたまま口を閉じた状態から唇が解放され、「ㅂ プ」の音や息ももれながら発音されるため、「파 パ」の音になるのです。

　だから「입학」は「イプハク」とはならずに、発音は「イパク」と勝手に変化してします。

「좋다（よい）」は、「좋」のパッチム「ㅎ」のあとに「ㄷ」の文字があるので、「ㅎ」は消えて「조타 チョタ」と発音します。

　韓国のTV番組や街中で「チョッター」と聞いたことがある人もいるはず。

「チョタ」とは言ってないよね？「チョッター」って聞こえるよ、と思っていた方、耳がいいですね！　その通りです。

「좋」の発音は「チョッ」ですよね。「ㅎ」のパッチムの発音は小さい「ッ」なので、1文字ずつ読むと「좋」「다」となります。

　続けて読むと「좋다」と発音するだけで、少しでもゆっくり読めば口の形を変えることができるので、「좋」「다」と発音できます。

　連音化など、ほかのルールもそうですが、あくまで続けて読むことで起こる音の変化で、ゆっくり読んだり、少し間があれば発音の変化は起きずに1文字ずつの音になります。

　そういうわけで、「좋다」は「좋」と「다」を続けて読むと口の形が「조타 チョタ」となってしまうだけで、**「좋」は「チョッ」、「다」は「タ」と発音する**と覚えておきましょう。

日本人に人気の食べ物、「**ユッケ**（<ruby>육회<rt>ユ クェ</rt></ruby>）」も同じです。

ゆっくり１つずつ発音すると、「<ruby>육<rt>ユク</rt></ruby>」「<ruby>회<rt>フェ</rt></ruby>」。続けて読むと、「<ruby>육<rt>ユク</rt></ruby>」の パッチム「ㄱ」のあとに「<ruby>회<rt>フェ</rt></ruby>」の「ㅎ」があるため、舌の奥で「ク」の 音を止めている状態が解放され、「<ruby>회<rt>フェ</rt></ruby>」は音や息がもれながら発音され ます。すると、「ㅎ」が「ㅋ」の発音するときの口の形になり、「ユクェ」 の音になるのです。

🔊 **音声050**

CHAPTER

2

☑ **やってみよう** ▶ **声に出しながら書いてみよう**

入学	よい	ユッケ
<ruby>입학<rt>イ パク</rt></ruby> [이팍]	<ruby>좋다<rt>チョ タ</rt></ruby> [조타]	<ruby>육회<rt>ユ クェ</rt></ruby> [유퀘]
입학	좋다	육회

発音のルールを覚えよう
❹ 濃音化

▷ 「つまる音のパッチム」のあとの子音が変化

発音のルールも4つ目です。**「濃音化」**について見ていきましょう。「濃音化」とは、**つまる音のパッチム「ㄱ」「ㄷ」「ㅂ」のあとに、子音の「ㄱ」「ㄷ」「ㅂ」「ㅅ」「ㅈ」が続く場合、子音が「濃音」に変化する**ことです。

例 「ㄱ→ㄲ」「ㄷ→ㄸ」「ㅂ→ㅃ」「ㅅ→ㅆ」「ㅈ→ㅉ」

濃音化

ハク　　　　キョ
학 교

発音:학꾜

> つまる音のパッチム「ㄱ」「ㄷ」「ㅂ」のあとに、
> 子音の「ㄱ」「ㄷ」「ㅂ」「ㅅ」「ㅈ」が続く場合、子音が濃音に変化

🔊 音声051

学校	食堂	学生
ハクキョ 학교	シクタン 식당	ハクセン 학생

「학교（学校）」の音声を聞くと、「**ハッキョ**」に聞こえませんか？

　これは、「학교（ハクキョ）」と韓国語を発音する口の形で話しやすく発音したら、「학 ハク」「교 キョ」が「학꾜 ハッキョ」となっただけで、あまり難しく考える必要はありません。

　もう少しくわしく解説すると「학（ハク）」と発音したときに、パッチムの解説でも話した通り、舌の奥、のどの手前あたりで「ㄱ」のパッチムの音をつくりますよね。つまる音、音を止めるような形です。その音を止めたあとに「교（キョ）」と発音するのですが、舌の奥、のどの手前あたりで止めた音を解放しなければ、発音ができませんよね。

　止めた音を解放して発音すると、自動的に濃音の波形になってしまうので、「キョ」とは言えずに、「**ッキョ**」となってしまうのです。

　「식당（食堂）（シクタン）」や「학생（学生）（ハクセン）」も同じです。パッチムの「ㄱ」で、舌の奥、のどの手前あたりで止めた音を解放するので、次の文字の発音が「땅（ッタン）」になったり、「쌩（ッセン）」に勝手に変化したりするのです。

CHAPTER

2

ゼロから韓国語が身につく！　9つのSTEP

　韓国語の音や口の形で発音をしたら、自動的にそうなってしまうだけです。細かく説明しましたが、**「학교」は「ハッキョ」と読む**など、**読み方だけ覚えておけば大丈夫**です。

🔊 音声051

☑ **やってみよう ▶ 声に出しながら書いてみよう**

学校	食堂	学生
학교（ハクキョ） **[학꾜]**	식당（シクタン） **[식땅]**	학생（ハクセン） **[학쌩]**
학교	식당	학생

STEP 4

発音のルールを覚えよう
⑤「ㅎ」の弱音化
ヒウッ

▶「ㅎ」の音が消えてしまう?

　連音化と似た音の変化で、パッチム「ㄴ」「ㅁ」「ㅇ」「ㄹ」のあとに
続く文字が「ㅎ」の場合、「ㅎ」の音が弱くなってしまう変化のことを
「ㅎの弱音化」と言います。実際に単語で見てみましょう。
ヒウッ

ㅎの弱音化

ウ　　　ネン

은 행

発音:으냉

> パッチム「ㄴ」「ㅁ」「ㅇ」「ㄹ」のあとに続く文字が
> 「ㅎ」の場合、「ㅎ」の音が弱くなってしまう変化

🔊 **音声052**

銀行	いいね。	文化
ウ ネン **은행**	チョ ア ヨ **좋아요.**	ム ヌァ **문화**

「은행(銀行)」は「은」の文字のあとに「행」の「ㅎ」の子音がある
ため、「ㅎ」の音が消えます。そして、パッチムの「ㄴ」が「행」の母

124

音「ㅐ」と組み合わさり、発音が「냉」に変化します。そういうわけで、「은행」の発音は「으냉 ウネン」となります。

　うまく発音できないときは、ゆっくり発音して徐々に早くしていきましょう。

「ㅎ」の音はまったくなくなっているわけではなく、弱くなってパッチムの音のほうが強く残っている感じです。

🔊 **音声052**

☑ **やってみよう** ▶ **声に出しながら書いてみよう**

銀行	いいね。	文化
ウ ネン **은행** [으냉]	チョ ア ヨ **좋아요.** [조아요]	ム ヌァ **문화** [무놔]
은행	좋아요 .	문화

　発音のルールも後半になって、そろそろ疲れてきましたよね。

　ゆっくり休んで、元気になったら勉強を再開しましょう！

　語学の勉強はダラダラやらずに、集中力があるときにコツコツやるのがおすすめです。

発音のルールを覚えよう

⑥ 流音化

▷ 「ㄹ」に変化する発音ルール

「流音化」 は、パッチム「ㄴ」に続く子音が「ㄹ」の場合、またはパッチム「ㄹ」に続くのが子音の「ㄴ」の場合、どちらの場合も **「ㄴ」が「ㄹ」の発音に変化** することです。

流音化

ヨル ラク

연 락

発音:열락

> パッチムと次に続く子音が、「ㄴ」と「ㄹ」、
> 「ㄹ」と「ㄴ」の場合、「ㄴ」が「ㄹ」に変化

🔊 音声053

連絡	正月	便利
ヨルラク **연락**	ソルラル **설날**	ピョル リ **편리**

「연락（連絡）」は、「연」のパッチム「ㄴ」と「락」の子音「ㄹ」を続けて発音するため、「연」の「ㄴ」が「ㄹ」の発音に変化し、「ヨルラク」

となります。

「ㄹ」の発音は難しいので、ゆっくり発音してみましょう。

「연」のパッチム「ㄴ」は、舌先を上の前歯の裏にくっつけるので、「ㄹ」と同じような舌の位置になりますよね。そのままの口の形で「라」と言うことになるので、「연」の舌の位置を固定して音を伸ばしながら「ラ」と言ってみてください。

「ヨン〜〜〜（ラと言おうとする）ル〜〜〜〜」

「ル」の音に変わりませんでしたか？　その感覚です！

パッチムの「ㄴ」のあとに「ㄹ」が続くと、勝手にパッチムも「ㄹ」の音になってしまうのです。この音の変化、少し驚きじゃないですか？

僕も最初は「流音化」と言われても、まったくよくわからなかったのですが、実際に発音すると、「そういうことかー！」と、理解できるようになりました。

流音化の音の変化が理解できたなら、本当にすごいです！

発音のルール、残りあと3つなので、もうちょっとだけがんばりましょう。

🔊 音声053

☑ やってみよう

▶ 韓国語の単語を声に出しながら書いてみよう

連絡	正月	便利
ヨルラク **연락** [열락]	ソルラル **설날** [설랄]	ピョルリ **편리** [펼리]
연락	설날	편리

発音のルールを覚えよう
⑦ 口蓋音化

▶ この変化をする単語は少ない!?

　「こうがいおん」**「口蓋音化」**は、パッチム「ㅌ」や「ㄷ」のあとに、「이」や「여」の文字が続く場合、パッチム「ㅌ」の発音が「ㅊ」に変わったり、「ㄷ」が「ㅈ」に変わったりすることです。また、パッチム「ㄷ」のあとに、「히」の文字が続く場合、発音が「ㅊ」に変わることを言います。説明だけだとわかりにくいので、実際に単語で見てみましょう!

口蓋音化

カッ　　　　チ
같 이

発音:가치

> パッチム「ㅌ」や「ㄷ」のあとに
> 「이」や「여」の文字が続く場合、発音が「ㅊ」や「ㅈ」に変化。
> パッチム「ㄷ」のあとに、「히」の文字が続く場合、「ㅊ」に変化

🔊 音声054

一緒に	日の出	つける
カッチ **같이**	ヘドジ **해돋이**	ムチダ **묻히다**

「같이（一緒に）」は、「같」のパッチム「ㅌ」のあとに、「이」の「ㅇ」が続くため、発音するとき、パッチムの発音が「ㅌ」から「ㅊ」に変わります。

ここまでだと、「갖이」と発音するはずですが、発音のルール②で覚えた連音化が起きるので、「같이」は「**カッチ［가치］**※」という発音になります。

※本来のふりがなは「カチ」ですが、「カッチ」と発音したほうが伝わりやすいです。

いろいろと説明しましたが、僕はふだんこのルールを全然意識していません。それというのも、この口蓋音化というルールを覚えるよりも、「この単語はこう読むんだ！」と覚えるほうが早いぐらい、この変化をする単語が少ないからです。

他のルールは覚えておかないと韓国語をスムーズに読むことができない場合もありますが、このルールは「この単語や文章は例外的にそう読むんだな！」くらいに思っておきましょう。

🔊》 音声054

☑ **やってみよう** ▶ **声に出しながら書いてみよう**

一緒に	日の出	つける
カッチ 같이 [가치]	ヘ ド ジ 해돋이 [해도지]	ムチダ 묻히다 [무치다]
같이	해돋이	묻히다

発音のルールを覚えよう
⑧ ∟添加
ニウン

▶「∟」の音が追加される発音のルール

「∟添加」（ニウン）は、前の文字のパッチムのあとに、「이」「야」「여」「요」「유」「애」「예」が続く場合に、「∟」の音が追加される変化です。

例 「이→니」「야→냐」「여→녀」「요→뇨」「유→뉴」「애→내」「예→녜」

∟添加

명 동 역
ミョン　ドン　ニョク

発音:명동녁

> パッチムのあとに
> 「이」「야」「여」「요」「유」「애」「예」が続く場合、
> 「∟」の音が追加されて「이→니」「야→냐」「여→녀」「요→뇨」
> 「유→뉴」「애→내」「예→녜」に変化

この変化は、2つ以上の言葉がくっついた**合成語**（例 明洞駅）や、言葉の前後に単語の意味を補ったり変化させたりする言葉がくっついた**派生語**（例 もちろんです）、**2つの単語を続けて読むとき**（例 頭痛薬）に起きます。具体例を見ていきましょう。

明洞駅	もちろんです。	頭痛薬	どのようなこと
ミョンドンニョク **명동역**	クロムニョ **그럼요.**	トゥトンニャク **두통약**	ム スン ニル **무슨 일**

　たとえば、「명동역（明洞駅）」は、「명동（明洞）」と「역（駅）」がくっついた言葉です。「역」の前の文字にパッチムがあるので、「역」の「여」がㄴ添加で「녀」になり、発音は「ミョンドンニョク［명동녁］」に変化します。

　「무슨 일（どのようなこと）」の「무슨（どういう）」と「일（こと）」は単語を1つずつ読めば「ムスン」、「イル」と発音します。単語を続けて読む場合は、「ムスンニル［무슨닐］」と変化します。

　ㄴ添加はよく出てくる発音の変化ですが、例外も多くあります。

　まずは韓国語の発音を聞いて、この場合はㄴ添加する、この場合はしない、と1つずつ確認するのがいいでしょう。

☑ やってみよう ▶

明洞駅	もちろんです。	頭痛薬	どのようなこと
ミョンドンニョク **명동역** **[명동녁]**	クロムニョ **그럼요.** **[그럼뇨]**	トゥトンニャク **두통약** **[두통냑]**	ム スン ニル **무슨 일** **[무슨 닐]**
명동역	**그럼요.**	**두통약**	**무슨 일**

発音のルールを覚えよう
⑨ 鼻音化

▶ **パッチムが鼻を使う音に変化①**

発音のルール、最後は**「鼻音化」**です。鼻音化は、鼻にかかったような音に変化することを言います。

「ㄱ」「ㄷ」「ㅂ」のパッチムの次にくる子音が、「ㄴ」や「ㅁ」から始まる場合、「ㄱ→ㅇ」「ㄷ→ㄴ」「ㅂ→ㅁ」と、発音が変化します。

鼻音化

チャン　　ニョン

発音:장년

「ㄱ」「ㄷ」「ㅂ」のパッチムの次にくる文字が
「ㄴ」や「ㅁ」から始まる場合、「ㄱ→ㅇ」「ㄷ→ㄴ」「ㅂ→ㅁ」に変化

🔊》 音声056

昨年	韓国語	ありがとうございます。
チャンニョン **작년**	ハングンマル **한국말**	カムサハムニダ **감사합니다.**

「작년（昨年）」は 1 文字ずつ読めば「작」「년」となるはず。でも、「작」の「ㄱ」パッチムのあとに、「ㄴ」から始まる「년」という文字がくるため、パッチムの**「ㄱ」が「ㅇ」に変化**して、発音は「チャンニョン［장년］」となります。

　これは下の図を見るとわかりやすいです。

鼻音化

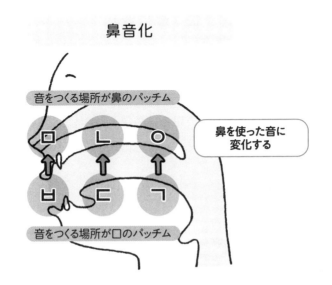

音をつくる場所が鼻のパッチム

鼻を使った音に
変化する

音をつくる場所が口のパッチム

「ㅂ」「ㄷ」「ㄱ」は、音をつくる場所が口のパッチムで、音を止めて発音します。一方で、**「ㅁ」「ㄴ」「ㅇ」は鼻を使って発音するパッチム**です。

　音を止めて発音するパッチムから、鼻を使って発音する文字に移行しようとすると、音を止めて発音するはずのパッチムがうまく発音できず、鼻を使うパッチムに音が変化してしまうのです。

　もともと音をつくっていた場所から、すぐ近くの鼻を使った音に移行します。たとえば、のどのあたりでつくっていた「ㄱ」のパッチムが、鼻の奥でつくる「ㅇ」のパッチムに変化する、といった具合です。

　「감사합니다．（ありがとうございます）」も同じです。

「합」のパッチム「ㅂ」のあとに、「니」の鼻を使った「ㄴ」の発音をするため、**「ㅂ」が「ㅁ」の発音に変化**し、「カムサハㅿニダ［감사합니다］」となります。

　これが鼻音化の1つで、鼻音化は他にもあります。

▶ パッチムが鼻を使う音に変化②

　パッチム「ㄱ」「ㄷ」「ㅂ」「ㅁ」「ㅇ」の次にくる文字が、「ㄹ」から始まる場合、**「ㄹ」が「ㄴ」の発音に変化**します。そして、鼻を使わないパッチム（ㄱ、ㄷ、ㅂ）の場合は先ほどと同じように、鼻を使うパッチムに変化します。

鼻音化

ウム　ニョ　ス
음 료 수

発音：음뇨수

> パッチム「ㄱ」「ㄷ」「ㅂ」「ㅁ」「ㅇ」の次にくる文字が
> 「ㄹ」から始まる場合、「ㄹ」が「ㄴ」に変化。
> そして鼻を使わないパッチム（ㄱ、ㄷ、ㅂ）の場合は、
> 鼻を使うパッチムに変化

🔊 **音声057**

飲料水	大統領	国立
ウムニョ ス 음료수	テ トンニョン 대통령	クンニプ 국립

これも先ほどの鼻音化の流れと同じです。

「음료수（飲料水）」は、「음」のパッチム「ㅁ」のあとに、「ㄹ」から始まる「료」という文字が続きます。「음」と言ったあと、口を閉じた状態から「ウン〜」と伸ばして、鼻の頭からパッチムの「ㅁ」の音が出ていることを確認します。そして「료」を発音するために、舌先を上の前歯の裏に当てて、ゆっくり口を開けながら「リョ」と言ってみてください。

「リョ」と言えてしまうかもしれませんが、ゆっくり何度も発音しているうちに、「リョ」と「ニョ」の間くらいの音を感じるときがありませんか？

韓国語を話すときの口の形ができてくると、「음료수」をスムーズに発音したときに、「료」が「뇨」と発音できるようになります。

難しいですよね。すぐには発音できないかもしれないので、ここでは「음료수」を読むときは、「ウムリョス」ではなく、「ウムニョス」と読むんだなと覚えておけば大丈夫です。

🔊 音声058

☑ やってみよう ▶ 声に出しながら書いてみよう

韓国語	ありがとう ございます。	飲料水	大統領
ハング ン マル **한국말** [한궁말]	カム サ ハム ニ ダ **감사합니다.** [감사함니다.]	ウムニョス **음료수** [음뇨수]	テ トンニョン **대통령** [대통녕]
한국말	감사합니다 .	음료수	대통령

いかがでしたでしょうか？

発音のルールがたくさんあってちょっと疲れちゃいましたよね。

ここで朗報です。

発音のルールは気にしなくて大丈夫です！

「えっ？ 何それ？」と思うかもしれませんが、それぞれのルールでも説明した通り、発音の変化は、**自動的にそうなってしまうだけの話**です。

韓国語を母国語とする人も、いちいち「あっ今、流音化が起きて発音が変わった！」と考えながら話していません。

だから発音のルールは気にしなくていい！

発音の変化のルールは、すぐに使いこなせなくてもいいのです。

忘れたときにだけ、「どういうルールだったっけ？」と見直しましょう。

話した言葉が相手に通じなかったとしても、1文字1文字ゆっくり話してみてください。そうするときっと理解してもらえるはずです。

ルールを覚えても、例外もたくさん出てきます。

韓国語には不規則な変化をする「変則活用」というルールがあり、覚えることが山ほどあります（本書では、まず基本の内容を覚えてほしいので、変則活用を紹介していません）。

ここまででたくさんのルールを紹介したので、頭がこんがらがっているかもしれませんね。一度勉強したからといって、すぐに覚えられなくても大丈夫です。徐々にステップアップしながらゆっくり覚えていきましょう。

あせらずに自分のペースで進めていくことが大切です。

自分の名前をハングルで書いてみよう

　ここでは自分の名前をハングルで書く練習をしてみましょう。ハングルで自分の名前を書くときは、ローマ字と同じように、母音と子音を組み合わせるだけで文字が書けます。

　すでにハングルの文字を覚えた人は、何も見なくても書けるかもしれませんね。

　まだ覚えていないよ、という方も大丈夫です！　付録の日本語のひらがな・50音に対応した「韓国語のあいうえお表」を見ると、すぐに書くことができます。まずは付録を見ながら書いてみてください！

　名前を書いたあとにこのページに戻ってきてください。いいですね？

↓

↓

　……書けましたか？

　日本の名前をハングルで書くときには、じつはルールがあります！

　自分の名前がここで紹介する7つのルールに沿って書かれているか、確認してみてください。ルールを説明するために、ちょっと変わった名前ですが、「かんがききょうすけ」という名前を例に見ていきます。

CHAPTER

2

ゼロから韓国語が身につく！　9つのSTEP

ハングルで名前を書くときの7つのルール

❶ 単語の頭は「平音」で書く

　たとえばハングルで「カ」と書きたい場合、**平音（가）**と**激音（카）**の2種類があるので、どちらで書いたらいいか悩むことがあります。**迷ったら平音**で書きましょう（ハ行の場合は激音しかないため激音を書く）。

　「単語の頭は平音で書く」というルールは、韓国の国立国語院『日本語ひらがな——表記細則表示』に記載されているものです。

　ただ、新聞やニュース記事などで日本人の名前が表記されるとき、激音で書かれていることも多くあるため、激音で書いても問題はありません。ちなみに僕はいつも激音で書いています。

　　例　加藤→가토、または카토

　ガ行、ダ行といった濁音が最初につく名字の場合、韓国語に表記がないため平音で書きます。たとえば、土井さんの場合、「土井 도이」とも読めますが、発音するときは「ドイ」と言いましょう。

❷ 単語の中間や最後の濁音の文字は「平音」で書く

　「간가키」の「가」は、中間にあるため、有声音化で濁音に変化し「カ」を「ガ」と読みます。単語の中間や最後に濁音で表記したい場合は、**平音**で書きましょう。

　　例　小田（おだ）→오다

❸ 単語の中間や最後の濁音ではない文字は「激音」で書く

　②で説明した通り、平音のまま書いてしまうと、単語の中間や最後の文字は濁音で読むことになってしまうため、**激音**で書きましょう。

　　例　鈴木（すずき）→스즈키

④ 日本語の伸ばす発音は表記しない

「きょうすけ」や「しょうた」といった、「う」を伸ばして発音するような場合は、「う」を書かず、発音もしません。

例　きょうすけ→교스케（キョスケ）　しょうた→쇼타（ショタ）

⑤ 「う」「え」「お」「よ」の母音表記は決まっている

日本語の「う」などは、「우（ウ）」や「으（ウ）」といった似た発音があるため、どちらを書いたらいいか迷う文字があります。でも**「う」は「우（ウ）」、「え」は「에（エ）」、「お」は「오（オ）」、「よ」は「요（ヨ）」**と決まっています。

例　植木→우에키（ウエキ）

⑥ さ行とた行には例外がある

「う」や「え」の母音表記は決まっていると言いましたが、「す」や「つ」の母音は「ㅜ」ではなく、「ㅡ」を使います。また、た行は「ㄷ」を使いますが、**「ち」だけ「디（チ）」ではなく「지/치（チ/チ）」**を使います。

例　すず→스즈（スズ）　いちか→이치카（イチカ）

⑦ 「ん」と「っ」はパッチムで表記

「ん」や「っ」がある場合は、パッチムで表記します。「ん」は「ㄴ」のパッチム、小さい「っ」は「ㅅ」のパッチムを使います。

例　けんた→겐타（ケンタ）　いっさ→잇사（イッサ）

以上が７つのルールです。

いかがでしょうか？　先ほど書いた名前は正しく書けましたか？

間違っていた人は、ぜひルールを見ながら、もう一度名前を書いてみてくださいね。

韓国で「社交辞令」は通じない!?

　日本人と韓国人では、「本音と建前」の文化が異なると言われています。

　たとえば日本では、行く気もないのに、「また今度ご飯行こう！」と言ったりしますよね。

　でも、このセリフは「建前」という文化のない韓国の人にはまったく理解してもらえません。言ってしまったら必ず誘わないとダメです（笑）。

　韓国人は社交辞令も言わないし、基本的にストレートに本音を伝えるので、日本人からすると少しキツイ言い方に聞こえることがあります。

　昔付き合っていた韓国人の彼女に、**「その服、似合ってないから着ないほうがいいよ。もう着ないんだから、その服は早く捨てて」**と言われたことがありました。

　彼女は悪口を言ったつもりはなく、わかりやすくストレートに伝えることで、僕によくなってほしい、という気遣いだったようです。

　日本人のように、遠回しに伝える気遣いではないので、ちょっとびっくりしますよね（笑）。

　韓国人は本音で話しているだけなので、言っていることがほぼすべて。韓国人とコミュニケーションをとるときは、建前で話すのをやめて、本音で接するようにすると、早く仲よくなれますよ。

STEP 5 単語を覚えよう

▶ 韓国語の文をつくるための最初のステップ

　ハングルの読み方、発音のしかたがだんだんわかってきましたか？

　ここからは、韓国語の文をつくるためのレッスンのスタートです！

　……と、韓国語の文をつくる前に、まず単語や文法を覚える必要があるのでは？　と思いますよね。その通りです。

　たとえば、「キムチを食べます」と韓国語の文をつくろうと思ったら、「キムチ」や「食べる」という単語と、「〜を」や「〜ます」という文法を覚える必要がありますよね。

　順番としては、**1. 単語を覚えて、2. 文法を覚えて、3. その単語と文法を組み合わせて文をつくる。**これは、韓国に語学留学している人たちがやっている勉強方法と同じです。

　語学留学の場合、授業の1時限目で新しい単語を20〜30個覚えて、2時限目で新しい文法を2〜4つ覚えます。そして3時限目でそれらを組み合わせて文をつくったり、つくった文を読んだりしています。

　このペースで毎日やるのはハードなので、この本では1週間かけて単語や文法を覚え、文をつくる＋振り返りの練習問題を解く、という流れで進めていきます。本書のSTEP5で単語を覚え、STEP6で文法を学び、STEP7で文をつくる。これを1週間でやるイメージです。

単語を覚える ▶ **文法を覚える** ▶ **文をつくる** ＋ **練習問題**
　STEP5　　　　　　STEP6　　　　　　STEP7

STEP8では、このくり返しを5週間分用意しています。

私はもっと早くできるよ！　と思ったらペースをあげてもいいし、時間がない場合は少しペースを落としても大丈夫です。

たくさん勉強をして疲れてしまうくらいなら、まだ余裕があるくらいで勉強を終えましょう！　一度にたくさん覚えることより、続けることのほうが大事です。

ここでは、次のSTEP6で使える単語を用意しました。

何度も出てくるので、忘れてしまっても大丈夫です。こんな単語あったな〜、という軽い感じで覚えていきましょう。

🔊》 **音声059**

本	机	ノート	学生
チェク **책**	チェクサン **책상**	コンチェク **공책**	ハクセン **학생**
先生	友だち	カップル	愛
ソンセンニム **선생님**	チング **친구**	コプル **커플**	サラン **사랑**

私（나の謙譲語）	私、僕	私たち、我々	名前
チョ **저**	ナ **나**	ウリ **우리**	イルム **이름**
これ	それ	あれ	
イゴッ イゴ **이것** (短縮形 **이거**)	クゴッ クゴ **그것** (短縮形 **그거**)	チョゴッ チョゴ **저것** (短縮形 **저거**)	

それでは、次からいよいよ文法に入っていきましょう！

142

STEP

6

文法を覚えよう

▶ 文章のつくり方のきほん

　韓国語は、下の図のように日本語とほぼ同じ語順です。日本語と同じように、「〜が〜です」や「〜は〜ですか？」といった語順になります。英語のように新しい語順を覚える必要がないので、韓国語は日本人が理解しやすい言語と言えます。

◀》 音声060

私	は	キムチ	を	食べ	ました	。
저	는	김치	를	먹	었습니다	.

　「僕」や「私」といった**一人称**や「キムチ」や「韓国ドラマ」といった**名詞**、「〜は」や「〜が」といった**助詞**、「食べる」「飲む」といった**動詞**、「〜ます」や「〜ました」などの**文末表現**。これらを覚えて、日本語のようにつなげれば韓国語の文章をつくれます。

　ただし、日本語とのちがいもたくさんあります。

　まず、日本語は縦書きにも横書きにも書くことができますが、**韓国語**

は基本的に横書きです。韓国語の縦書きは看板などでは見かけますが、本や新聞などで縦書きを見かけることは基本的にありません。

▶ 文節の区切りはスペースを使う

そして、句読点も日本語と韓国語は異なります。

日本語では主語や述語の位置をわかりやすくするために読点「、」を使いますが、**韓国語は文節ごとにスペースを使います**。これを**「分かち書き」**といいます。

では、すべてスペースかというとそういうわけでもなく、名詞を並列させる箇所などには「,（カンマ）」を使用します。これらは英語と同じですね。

スペースを入れる基本的なルールは、
① 助詞の後や助詞が省略されたあと
② 副詞のあと
③ 名詞を修飾したあと

などです。

▶ 韓国語の「分かち書き」のルール

スペースを入れるのにわかりやすいのが、「ね」で区切る方法です。

> 私は（ね〜）キムチを（ね〜）食べました。

日本語に訳したときに、「ね」が入るタイミングと覚えておけば、スペースを入れるのもかんたんです。

「ね」で区切るタイミングと、スペースが入る位置が異なることもあるため、この方法で完璧とは言えないのですが、だいたいのスペースの位置を把握できます。

完璧にしようと思うと、スペースを入れる位置はけっこう難しいです。

たとえば「日本人」という韓国語は「일본 사람（イルボン サラム）」と表記し、「일본（日本）」と「사람（人）（サラム）」の間にはスペースが必要です。

同じ「日本人」という意味で、「일본인（イルボン イン）」という表記のしかたもあります。この場合は、「일본（イルボン）」と「인（人）（イン）」の間にはスペースは必要ありません。

スペースを入れる箇所は、韓国人でも間違えることがあります。そういうわけで、間違えてもあまり気にせず、ここはスペースを入れるんだ！　ここにはスペースはいらないんだ！　と少しずつ覚えていきましょう。

CHAPTER

2

ゼロから韓国語が身につく！　9つのSTEP

▷文章の最後は「.（ピリオド）」

韓国語の句点は、「。」ではなく「.（ピリオド）」を使います。

また、かぎかっこは韓国語にもあるのですが、あまり使われてはおらず、日本語の文章でかぎかっこを使うような場面では、韓国語はシングルクォーテーション「''」やダブルクォーテーション「""」を使うことが一般的です。

▷韓国語の「です・ます」表現

韓国語の文法を学んでいくときに、頭に入れておくといい文体があります。それは「ハムニダ体」と「ヘヨ体」です。

日本語の「〜です」や「〜ます」はどんな場面でも形が変わることが

なく、丁寧な文末表現として使うことができますよね。

　一方で、韓国語で「です・ます」と言いたいときは、「ハムニダ体」と「ヘヨ体」の使い分けが必要です。

「ハムニダ体」は、より丁寧な文末表現の「です・ます」で、**初対面の方や会議、大切なお客様**などに使います。

　例 今日はよろしくお願いします。：오늘은 잘 부탁드립니다.
　　　　　　　　　　　　　　　オ ヌルンチャル プ タクトゥリム ニ ダ

「ヘヨ体」は、ハムニダ体よりも少し柔らかい文末表現の「です・ます」で、**会議やビジネスのときよりも、日常会話**でよく使われます。

　ハムニダ体よりもヘヨ体を使ったほうが距離感が近くなるので、大切なお客様であってもあえてヘヨ体を使うこともあります。

　例 今日はよろしくお願いします。：오늘은 잘 부탁해요.
　　　　　　　　　　　　　　　オ ヌルンチャル プ タク ケ ヨ

　この他に、**「ハンダ体」**といって、**「〜である」「〜だ」調**の言い方もあります。日本でいう「文語体（文章で使う言葉）」で、**親子や友だち同士のタメ口**で使うこともあります。

　例 今日もよろしく頼む。：오늘도 잘 부탁한다.
　　　　　　　　　　　オ ヌル ド チャル プ タクカンダ

「ハンダ体」は初心者向けの勉強ではあまり教えないので、この本では「ハムニダ体」と「ヘヨ体」のみを紹介しています。

　では、次から具体的な文法を見ていきましょう。

STEP 6

文法を覚えよう

① 名詞＋은／는（～は）

▶「～は」は、直前の文字のパッチムの有無で変化

　韓国語の文法にはたくさんのルールがあります。

　一気に覚えることは難しいので、1つずつ覚えていきましょう。

　「은／는」は、「私は」「名前は」など、「～は」と言いたいときに使える助詞です。なぜ「은」と「는」の2つあるかというと、「은／는」の前にくる文字に**パッチムがあるかないかで形が変わる**からです。

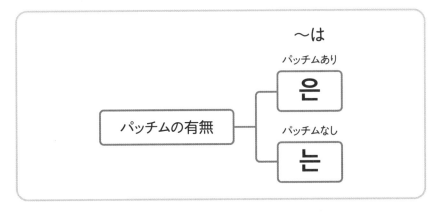

　たとえば、「私は」と言いたいとき、「私／저」はパッチムがないので、「～は」は「는」を使います。

　一方で、「名前」の「이름」は、最後の文字が「름」のパッチム「ㅁ」で終わっているため、「～は」は「은」を使います。「이름은」の発音は、パッチム「ㅁ」のあとの文字が「ㅇ」から始まるので、「連音化」します。そのため、「イル_ムウン」ではなく、「イル_ムン（이르믄）」と発音します。

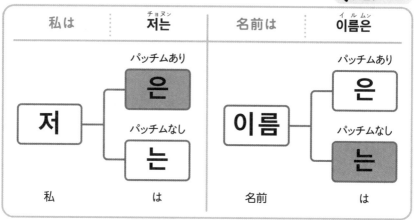

| 私は | チョヌン
저는 | 名前は | イルムン
이름은 |

このように、韓国語の文法は「パッチムの有無」で形が変わるものがたくさんあります。ただ、あまり複雑に考えずにそういったものがあるんだな、程度に覚えておきましょう。

☑ やってみよう ▶ 声に出しながら書いてみよう

私は	私：저 チョ	저는 チョヌン
名前は	名前：이름 イルム	이름은 イルムン
私たちは	私たち：우리 ウリ	우리는 ウリヌン
これは	これ：이것 イゴッ	이것은 イゴスン

STEP 6 文法を覚えよう

② 名詞＋입니다（～です）

▷丁寧な文末表現の「～です」

「입니다」は「～です」と言いたいときに使える文末表現で、自分の名前を言ったり、事実を伝えたりするときなどに使えます。

より丁寧な言い方の「～です」なので、大事な会議やプレゼン、はじめて会った人と話すときなど、丁寧に話したいときに使います。

名詞に「입니다（～です）」と加えるだけでいいので、文をつくるのはかんたんなんです。

「입니다」の発音は、「입」のパッチム「ㅂ」のすぐあとに子音「ㄴ」がくるので、「鼻音化」が起こります。そのため、発音は「イ<ruby>プ<rt></rt></ruby>ニダ」ではなく、「イムニダ」となります。

「友だちです」と言いたいときは、「친구」に「입니다」をつけて、「친구입니다.」となります。

🔊 音声063

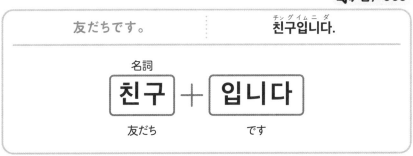

「입니다」は「ㅇ」から始まるため、「책（本）」のように、パッチムがある文字が前にくると、「連音化」します。「책」の場合は「チェギ」になり、発音は「チェギムニダ（채김니다.）」となります。「김」と「다」は文字の中間にあるので、「有声音化」し、濁音で発音します。

🔊 音声064

本です。	책입니다.

大丈夫ですか？　今の説明を読んで嫌になりませんでした？

僕はちょっと嫌になりました（笑）。

でも、発音するときは、連音化して、鼻音化して、有声化して、などいちいち考える必要はありません。

聞いた発音のまま、まねて発音するだけで OK です！

なんで「책」を「チェギ」なんて言うの？　と疑問に思ったときに

「あっそういえば韓国語の発音のルールでなんかあったな」くらいの感覚で覚えていきましょう。

　最初は発音のルールが多くて大変ですが、これはもう慣れるしかないです。STEP4でも解説した通り、みんないちいち「有声音化させなきゃ」と考えながら話していません。

　実際の発音を聞いてそのまま発音。なんで？と疑問に思ったらそういえばルールがあったね、というくらいの感覚のほうが早く覚えられます。

▶ 発音のワンポイントアドバイス

「입니다（〜です）」の発音で、「二」と発音しづらい方は「二」と発音しなくていいです。「イムミダ」と発音しちゃいましょう。僕はこの方法でネイティブっぽく発音できるようになりました。

「ム」は唇を閉じて発音して、そのあとに閉じていた口を開けながら「二」と言わなければならないのですが、日本語でそんな口の動きをする発音はありません。だから、とても言いづらいのです。

　無理やり「二」と発音すると、「二」の音が強調されてネイティブっぽい発音ではなくなってしまいます。

　そこで力を抜いて発音するために「二」ではなく、発音する場所が近い「ミ」と言うとあら不思議！　めちゃくちゃネイティブっぽい発音になっちゃいます！

「イムミダ！」とハキハキ言うのではなく、ちょっと伸ばすぐらいの感じで、口の力を抜いて流れるように「イムミダ〜」と言ってみましょう。

　STEP6では、まず**「〜は」「〜です」の2つだけ覚えましょう。**
　STEP7では、文法を組み合わせて文にしていきます。

☑ **やってみよう** ▶ **声に出しながら書いてみよう**

ノートです。	ノート：**공책** _{コンチェク}	**공책입니다.** _{コンチェギムニダ}
学生です。	学生：**학생** _{ハクセン}	**학생입니다.** _{ハクセンイムニダ}
机です。	机：**책상** _{チェクサン}	**책상입니다.** _{チェクサンイムニダ}
愛です。	愛：**사랑** _{サラン}	**사랑입니다.** _{サランイムニダ}
友だちです。	友だち：**친구** _{チング}	**친구입니다.** _{チングイムニダ}

STEP 7

単語と文法を組み合わせて文をつくろう

▷「～は～です」の文をつくってみよう

単語と文法を覚えたら、組み合わせるだけでもう韓国語の文をつくれるようになります！　ここまでくると、「だんだん韓国語がわかってきた！」という感覚になっていそうですね。

さて、STEP5 から STEP6、STEP7 と急ピッチで進んできました。

STEP5 でもお話ししましたが、この展開は僕が語学留学していたときに受けていた授業も同じで、**「単語を覚えて→文法を覚え→文をつくる」**のループを毎日行っていました。この 3 つの STEP をくり返すことで、どんどん韓国語が身についていきます。

STEP7 では、STEP5 と STEP6 で覚えた単語・文法をふまえて、**「～は～です」**という文をつくってみましょう。

P154 の上の図を見てください。**「私たちは友だちです」**という文をつくりたいとき、「私たち」という単語は「우리（ウリ）」で、パッチムではなく母音で終わっていますよね。

そのため、「～は」は「은（ウン）」ではなく、「는（ヌン）」を使います。そこに「친구（チング）（友だち）」と「입니다（イムニダ）（～です）」をつなげると、「우리는 친구입니다（ウリヌン チングイムニダ）.（私たちは友だちです）」となります。

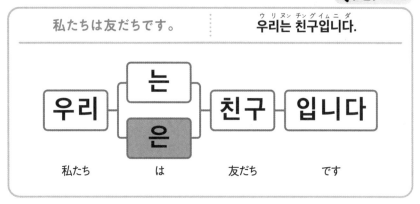

私たちは友だちです。 ウリヌン チングイムニダ
우리는 친구입니다.

私たち　は　友だち　です

続いて、**「これは本です」**という文をつくってみましょう。

「これ」という単語は「이것」で、パッチムで終わっているので、「〜
は」は「는」ではなく、「은」を使います。

そして発音は「이것」のパッチム「ㅅ」と「은」の「ㅇ」が「連音化」
し、「イゴスン (이것은)」となります。また、「책 (本)」と「입니다」を
つなげると、「濁音化」して「チェギムニダ (책입니다)」になります。

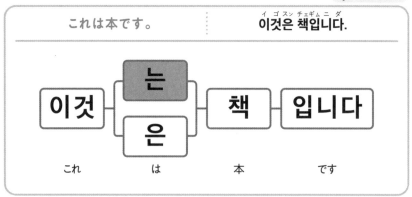

これは本です。 イ ゴ スン チェギムニダ
이것은 책입니다.

これ　は　本　です

もう2つも文章をつくれましたね！

STEP8では**「新しい単語、文法を覚えて、文をつくる」**という流れを

5週間くり返していきます。どんどん単語と文法が身についていくので
お楽しみに。

　次のページでは、STEP7までの復習として、練習問題を解いてみま
しょう。

🔊》 **音声068**

☑ **やってみよう ▶ 声に出しながら書いてみよう**

私は学生です。	私：나　学生：학생	ナ ヌン ハクセンイム ニ ダ 나는 학생입니다.
私は先生です。	私：저　先生：선생님	チョヌン ソンセン ニ ミム ニ ダ 저는 선생님입니다.
それは愛です。	それ：그것　愛：사랑	ク ゴ スン サランイム ニ ダ 그것은 사랑입니다.

チョ ヌン　ソンセン ニ ミム ニ ダ
저는 선생님입니다.

私は先生です。

ナ ヌン　ハッセン イム ニ ダ
나는 학생입니다.

私は学生です。

練習問題

　STEP5〜7で勉強した内容をふまえて、練習問題を解いていきましょう。答えがわからなければ、前のページを探したり、ヒントを見たりしながら、解いてみてください。ヒントがなくてもわかるようになるといいですね。

　4の聞き取り問題は、ハングルで書き取るのは難しいので、まずカタカナで書き取ってから、ハングルに直すと解きやすいです。

1 正しい文法に丸をつけましょう。

1. 私たちは学生です。　우리 (은 / 는) 학생입니다.
2. 私は先生です。　나 (은 / 는) 선생님입니다.
3. これは机です。　이것 (은 / 는) 책상입니다.
4. あれは本です。　저것 (은 / 는) 책입니다.
5. それは愛です。　그것 (은 / 는) 사랑입니다.

こたえ　1. 는　2. 는　3. 은　4. 은　5. 은

2 次の文を韓国語で書いてみましょう。

1. 私たちは友だちです。

ヒント　私たち：우리、は：은 / 는、友だち：친구、です：입니다

こたえ　우리는 친구입니다.

2. 名前はアキです。

ヒント　名前：이름、は：은 / 는、アキ：아키 、です：입니다

こたえ　이름은 아키입니다.

3. これはノートです。

ヒント これ：이것、は：은 / 는、ノート：공책、です：입니다

>

こたえ　이것은 공책입니다.

3 次の文を韓国語で書いてみましょう。

1. 私は先生です。（※「私」は謙譲語で書いてみましょう）

ヒント 私：저、先生：선생님

>

こたえ　저는 선생님입니다.

2. 名前は田中カリナです。

ヒント 名前：이름、田中カリナ：다나카 카리나

>

こたえ　이름은 다나카 카리나입니다.

4 音声を聞いて、聞こえた韓国語を書いてみましょう。

1. 🔊 音声069

>

こたえ　저는 학생입니다.（私は学生です。）

2. 🔊 音声070

>

こたえ　우리는 커플입니다.（私たちはカップルです。）

韓国特有の「パルリパルリ文化」って?

　韓国には「パルリパルリ文化 (빨리빨리 문화)」、という「早く早く」と、物事を早く進めようとする文化があります。
※빨리 = 早く　문화 = 文化

　戦後、貧しかったころに、「早く貧しさから脱却して豊かになろう!」という時代の流れの中で、根づいた文化だそうです。

　韓国がここまで経済成長することができた一因に、この行動の早さがあったとも言われています。

　ただ、個人的に「もう少しゆっくりでもいいのでは?」と思うこともあります。

　たとえば、韓国のバスは急発進することがよくあります。バスに乗った瞬間に走り出し、乗客がよろけてしまってもおかまいなし。目的地到着後にゆっくり降りようとしていると、ドアが閉まって出発してしまうこともよくあります。また道が空いていればスピードも速くなり、目的地に予定時間よりも早く到着することもあります。

　仕事でも、会議で決まったことは即行動。

　以前勤めていた韓国の会社では、社長がスピードを重視するあまりに見切り発車でプロジェクトを失敗させることもよくありました。ただ、社長は失敗をまったく気にせず、失敗してもすぐ立ち上がっているのが印象的でした。

　安全、着実を重視しすぎて、物事をなかなか前に進められない方は、「パルリパルリ文化」から学ぶ点もあるかもしれませんね。

「単語と文法を覚えて、 文をつくる」をくり返そう

▶ 単語はサラッと流して、文章で楽しく覚えよう

　単語と文法をつなげて、韓国語の文をつくれましたか？

　あとは STEP5 ～ STEP7 でやったように、新しい単語、文法を覚えて、文をつくる、をくり返すだけです！

　1 週目から 5 週目まで用意しました。毎週、「今週の単語」を覚えて、3 つの「文法」を学び、覚えた単語と文法を組み合わせて「文」をつくってみる。このくり返しです。

　なお、**「今週の単語」は暗記せずに読んで少し頭に入れておくぐらいで大丈夫**です。これから勉強する文法に、これらの単語を入れ替えて使えば、たくさんの文をつくれます。

　単語だけをくり返して覚えようとするよりも、文章の中で単語を覚えたほうが、記憶にも残りやすいです。

　この STEP で覚えた韓国語のフレーズは、韓国旅行に行ったときや、日本にある韓国のお店でぜひ使ってみてください。

　韓国の飲食店で注文するときや、ホテルにチェックインするときにも使えるフレーズをたくさん紹介しています。

　韓国人のスタッフの方に、韓国語で話しかけたら「おっ！」と思ってもらえるはず。ノリのいい人なら、もしかしたら商品を少し安くしてくれるかもしれませんよ!?

　では、楽しんで勉強を進めていきましょう。

音声072

国名

日本	韓国	アメリカ	イギリス
^{イルボン} 일본	^{ハングク} 한국	^{ミグク} 미국	^{ヨングク} 영국
中国	台湾	香港	ベトナム
^{チュングク} 중국	^{テマン} 대만	^{ホンコン} 홍콩	^{ベトゥナム} 베트남
モンゴル	タイ	カナダ	フランス
^{モンゴル} 몽골	^{テグク} 태국	^{ケナダ} 캐나다	^{プランス} 프랑스
ドイツ	ロシア		
^{トギル} 독일	^{ロシア} 러시아		

人

人	子ども	大人	女性	男性
^{サラム} 사람	^{アイ} 아이	^{オルン} 어른	^{ヨジャ} 여자	^{ナムジャ} 남자

職業など

歌手	アイドル	俳優・役者	女優
^{カス} 가수	^{アイドル} 아이돌	^{ペウ} 배우	^{ヨペウ} 여배우
社長	部長	店員	運転手
^{サジャンニム} 사장님	^{プジャンニム} 부장님	^{チグォンニム} 직원님	^{キサニム} 기사님
主婦	会社員	医者	先生
^{チュブ} 주부	^{フェサウォン} 회사원	^{ウィサ} 의사	^{ソンセンニム} 선생님

5W1H

いつ	どこ	誰
オンジェ 언제	オディ 어디	ヌ グ 누구
何	なぜ	どのように
ムオッ モォ 무엇 (뭐)	ウェ 왜	オットケ 어떻게

指示代名詞（この、その、あの、どのなど）

この	その	あの	どの
イ 이	ク 그	チョ 저	オ ヌ 어느
ここ	そこ	あそこ	どこ
ヨ ギ 여기	コ ギ 거기	チョギ 저기	オディ 어디
これ	それ	あれ	どれ
イゴッ イゴ 이것 (이거)	ク ゴッ ク ゴ 그것 (그거)	チョゴッ チョゴ 저것 (저거)	オ ヌ ゴッ オ ヌ ゴ 어느 것 (어느 거)
これは	それは	あれは	―
イ ゴ スン イ ゴン 이것은 (이건)	ク ゴ スン ク ゴン 그것은 (그건)	チョ ゴ スン チョ ゴン 저것은 (저건)	
これが	それが	あれが	どれが
イ ゴ シ イ ゲ 이것이 (이게)	ク ゴ シ ク ゲ 그것이 (그게)	チョ ゴ シ チョ ゲ 저것이 (저게)	オ ヌ ゴ シ オ ヌ ゲ 어느 것이 (어느 게)

1週目 文法❶
名詞＋입니까?
（～ですか?）

▶ 確認したいときに使える表現

「입니까?」は「～ですか?」と言いたいときに使える文末表現です。**「これは何ですか？（이것은 무엇입니까?）」「どれですか？（어느 것입니까?）」**など、質問したいときなどに使えます。名詞の後ろにつけるだけでいいので、使い方はとてもかんたんなんです。丁寧な言い方の「～ですか?」なので、大切なお客様や仕事で初対面の方などに、丁寧に質問したいときに使います。

韓国語の疑問形も日本語同様、語尾を少し上げて発音します。**「입니까?↗」**と語尾を上げて発音するように、注意しながら言ってみましょう。

「입니다」同様、連音化することも忘れずに!

STEP6 で覚えた「은/는（～は）」を使えば、「～は～ですか?」という文章もつくれますね。

◀)) 音声073

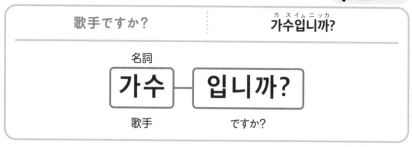

歌手ですか?	가수입니까?

名詞

가수	입니까?
歌手	ですか?

🔊》音声074

☑ やってみよう

▶ 声に出しながら書いてみよう

日本人ですか？	日本：일본　人：사람	일본 사람입니까?
俳優ですか？	俳優：배우	배우입니까?
ここですか？	ここ：여기	여기입니까?
なんですか？	何：무엇	무엇입니까?

▶ 文を書いてみよう

これは なんですか？	これ：이것　何：무엇	이것은 무엇입니까?
店員さんは どこですか？	店員さん：직원님 どこ：어디	직원님은 어디입니까?

가수입니까?

うん！そうだよ

CHAPTER

2

ゼロから韓国語が身につく！　9つのSTEP

163

名詞＋이/가 아닙니다
イ ガ アニムニダ
（〜ではありません）

> ▶ 丁寧な否定文末表現

「이/가 아닙니다」は、「〜ではありません」と否定したいときに使える
イ ガ アニムニダ
文末表現です。丁寧な否定形なので、さまざまな場面で使えます。否定
したいけれど、雑な言い方をしたくないときは、この「이/가 아닙니다」
イ ガ アニムニダ
を使えば大丈夫です。

この文法も「은/는（〜は）」のときと同様に、前にくる文字のパッ
ウン ヌン
チムの有無で、文法の形が変わります。

前にくる文字にパッチムがあるときは「이 아닙니다」を使い、パッチ
イ アニムニダ
ムがないときは「가 아닙니다」を使います。
ガ アニムニダ

🔊 音声075

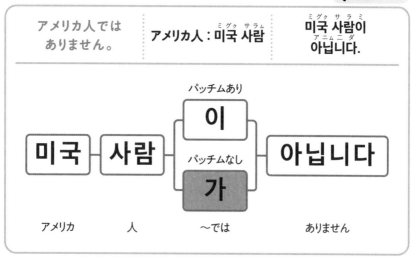

アメリカ人では | アメリカ人：미국 사람 | 미국 사람이
ありません。 | ミグク サラム | ミグク サラミ
 | | 아닙니다.
 | | アニムニダ

パッチムあり
이

미국 — 사람 —
パッチムなし
가

— 아닙니다

アメリカ　　　　人　　　　〜では　　　　ありません

🔊)) 音声076

| 俳優ではありません。 | 俳優：배우 | 배우가 아닙니다. |

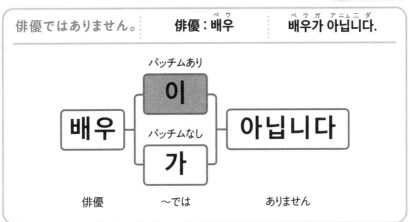

🔊)) 音声077

☑ やってみよう

▶ 声に出しながら書いてみよう

韓国人では ありません。	韓国：한국　人：사람	한국 사람이 아닙니다.
アイドルでは ありません。	アイドル：아이돌	아이돌이 아닙니다.
ここでは ありません。	ここ：여기	여기가 아닙니다.

▶ 文を書いてみよう

| 私は歌手では ありません。 | 私：저　歌手：가수 | 저는 가수가 아닙니다. |
| 私たちは韓国人 ではありません。 | 私たち：우리
韓国：한국　人：사람 | 우리는 한국 사람이 아닙니다. |

名詞＋이에요/예요
イ エ ヨ　エ ヨ

（〜です）

> ▶ **親しみのある文末表現**

「이에요 / 예요」は、「〜です」と言いたいときに使える文末表現です。
イ エ ヨ　エ ヨ

「입니다（〜です）」に比べて、少し柔らかい言い方になるので、大事
イ ム ニ ダ

な会議やプレゼンよりも**日常的な場面**で使われます。韓国旅行などでは
「입니다（〜です）」よりも、「이에요 / 예요（〜です）」を使ったほうが、
イ ム ニ ダ　　　　　　　　　　イ エ ヨ　エ ヨ

親しみやすい印象を与えることができます。

そして「이에요 / 예요」は、**「이에요？♪」「예요？♪」と語尾を上げる**
イ エ ヨ　エ ヨ　　　　　　　　イ エ ヨ　　　　　エ ヨ

だけで、疑問形としても使うことができます。 とても使いやすい文末表
現ですね！

この文法も、前にくる文字のパッチムの有無で形が変わる文法です。
パッチムがあるときは「이에요」を使い、パッチムがないときは「예요」
イ エ ヨ　　　　　　　　　　　　　　　　　エ ヨ

を使います。

※「예요」の「예」の発音は「イェ」ですが、「예요」を発音する際は「エヨ」となります。

🔊 音声078

| 日本人です。 | 日本：일본（イルボン）　人：사람（サラム） | 일본 사람이에요.（イルボン サ ラ ミ エ ヨ） |

🔊 音声079

| ここです。 | ここ：여기（ヨ ギ） | 여기예요.（ヨ ギ エ ヨ） |

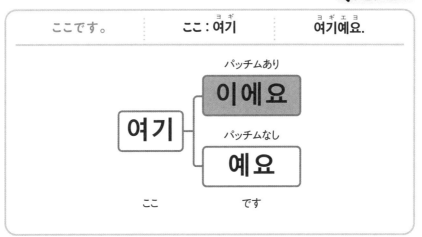

　ここまでで、「〜は〜です」「〜は〜ですか？」「〜は〜ではありません」の文法を覚えられました。これで、かんたんな受け答えができるようになっちゃいましたね！

☑ やってみよう

▶ 声に出しながら書いてみよう

日本人です。	日本：^{イルボン}일본　人：^{サラム}사람	^{イルボン　サラ　ミ　エ　ヨ} 일본 사람이에요.
社長ですか?	社長：^{サジャンニム}사장님	^{サジャンニ　ミ　エ　ヨ} 사장님이에요?
友だちです。	友だち：^{チング}친구	^{チン　グ　エ　ヨ} 친구예요.
そこです。	そこ：^{コ　ギ}거기	^{コ　ギ　エ　ヨ} 거기예요.

▶ 文を書いてみよう

私は 日本人です。	私：^{チョ}저　日本：^{イルボン}일본 人：^{サラム}사람	^{チョヌン　イルボン} 저는 일본 ^{サラ　ミ　エ　ヨ} 사람이에요.
ここは どこですか?	ここ：^{ヨ　ギ}여기　どこ：^{オディ}어디	^{ヨ　ギヌン　オディエ　ヨ} 여기는 어디예요?

168

練習問題

1 正しい文法に丸をつけましょう。

例 店員さんはどこですか？

직원님 (은/ 는) 어디 (입니다 / 입니까) ?

こたえ　은・입니까

1. これはなんですか？　이것 (은 / 는) 무엇 (입니다 / 입니까)?
2. 先生は日本人ではありません。
   선생님 (은 / 는) 일본 사람 (이 / 가) 아닙니다 .
3. 私は日本人です。 저 (은 / 는) 일본 사람 (이에요 / 예요).
4. 私たちはカップルではありません。
   우리 (은 / 는) 커플 (이 / 가) 아닙니다 .
5. あの男性は俳優ですか？　저 남자 (은 / 는) 배우 (이에요 / 예요)?

こたえ　1. 은・입니까　2. 은・이　3. 는・이에요　4. 는・이　5. 는・예요

2 次の文を韓国語で書いてみましょう。

1. 社長は韓国人ですか？

ヒント 社長：사장님、は：은 / 는 、韓国：한국、人：사람、
ですか？：입니까？

こたえ　사장님은 한국 사람입니까？

2. 店員さんはどこですか？

ヒント 店員：직원님 、は：은 / 는、どこ：어디、
ですか？：이에요？ / 예요？

こたえ　직원님은 어디예요？

3. この人は俳優ではありません。

ヒント この：이、人：사람、は：은 / 는、俳優：배우、

ではありません：이 / 가 아닙니다

こたえ 이 사람은 배우가 아닙니다.

3 次の文を韓国語で書いてみましょう。

1. 私たちはアイドルではありません。

ヒント 私たち：우리、アイドル：아이돌

こたえ 우리는 아이돌이 아닙니다.

2. ここはどこですか？

ヒント ここ：여기、どこ：어디

こたえ 여기는 어디예요 ?(어디입니까 ?)

4 音声を聞いて、聞こえた韓国語を書いてみましょう。

1. ◁)) 音声081

こたえ 저 배우는 누구예요 ? (あの俳優は誰ですか？)

2. ◁)) 音声082

こたえ 우리는 커플이 아닙니다 . 친구예요 . (私たちはカップルではありません。友だちです。)

動詞

🔊 **音声083**

する	行く	来る	見る
<ruby>하다<rt>ハ ダ</rt></ruby>	<ruby>가다<rt>カ ダ</rt></ruby>	<ruby>오다<rt>オ ダ</rt></ruby>	<ruby>보다<rt>ポ ダ</rt></ruby>
食べる	愛する	乗る	住む
<ruby>먹다<rt>モク タ</rt></ruby>	<ruby>사랑하다<rt>サラン ハ ダ</rt></ruby>	<ruby>타다<rt>タ ダ</rt></ruby>	<ruby>살다<rt>サル ダ</rt></ruby>

韓国の食べ物

キムチ	サムギョプサル	サムゲタン	チヂミ
<ruby>김치<rt>キム チ</rt></ruby>	<ruby>삼겹살<rt>サムギョプサル</rt></ruby>	<ruby>삼계탕<rt>サム ゲ タン</rt></ruby>	<ruby>부침개<rt>プ チム ゲ</rt></ruby>
タッカルビ	トッポギ	プルコギ（焼肉）	冷麺
<ruby>닭갈비<rt>タクカル ビ</rt></ruby>	<ruby>떡볶이<rt>ットクポク キ</rt></ruby>	<ruby>불고기<rt>プル コ ギ</rt></ruby>	<ruby>냉면<rt>ネンミョン</rt></ruby>
ビビンバ	味噌鍋	豆腐鍋	海苔巻き
<ruby>비빔밥<rt>ビ ビムバプ</rt></ruby>	<ruby>된장찌개<rt>テンジャッチ ゲ</rt></ruby>	<ruby>순두부찌개<rt>スンドゥ ブッチ ゲ</rt></ruby>	<ruby>김밥<rt>キムバプ</rt></ruby>

スポーツなど

運動	準備	野球	サッカー	ゴルフ
<ruby>운동<rt>ウン ドン</rt></ruby>	<ruby>준비<rt>チュン ビ</rt></ruby>	<ruby>야구<rt>ヤ グ</rt></ruby>	<ruby>축구<rt>チュク ク</rt></ruby>	<ruby>골프<rt>コル プ</rt></ruby>

建物・ランドマーク

お店	映画館	市場	コンビニ
<ruby>가게<rt>カ ゲ</rt></ruby>	<ruby>영화관<rt>ヨンファグァン</rt></ruby>	<ruby>시장<rt>シジャン</rt></ruby>	<ruby>편의점<rt>ピョ ヌィジョム</rt></ruby>

CHAPTER

2

ゼロから韓国語が身につく！　9つのSTEP

ホテル	百貨店	銀行	警察署
호텔	백화점	은행	경찰서
両替所	郵便局	トイレ（化粧室）	空港
환전소	우체국	화장실	공항

乗り物

自動車	タクシー	地下鉄	バス
자동차	택시	지하철	버스

その他の名詞

仕事	恋愛	約束
일	연애	약속
朝・朝ごはん	お昼・お昼ご飯	夕方・夕食
아침	점심	저녁

副詞

一生懸命	いつも	おたがいに
열심히	항상	서로
一緒に・同じく	たぶん	
같이	아마	

2週目 文法❶
名詞＋을/를（〜を）

▷ 助詞「〜を」を使いこなそう！

「을/를」は、「〜を」と言いたいときに使える助詞です。

　この文法も、前にくる文字の最後にパッチムがあるかどうかで形が変わります。前にくる文字にパッチムがある場合は「을」を使い、パッチムがない場合は「를」を使います。

「를」の発音は文字だけを見れば「ルル」ですが、伸ばして「ルー」と言っても大丈夫です。まず口の力を抜いて、口を横に広げる意識で、舌先を前歯の裏に当てて「ルー」と言いましょう。

🔊 音声084

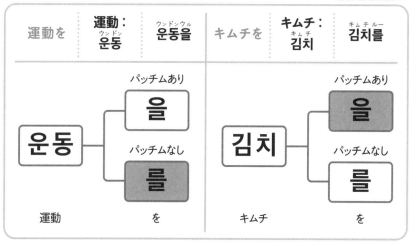

運動を	運動： 운동	운동을	キムチを	キムチ： 김치	김치를
		パッチムあり 을			パッチムあり 을
운동		パッチムなし 를	김치		パッチムなし 를
運動		を	キムチ		を

「을 / 를」は主に「〜を」という意味で使われますが、「〜に」や「〜が」として使われる場合もあります。

例外的に使われることもあると覚えておきましょう！

例 タクシー**に**乗ります。：택시**를** 탑니다.
※「動詞・形容詞＋〜습니다 / 〜ㅂ니다（〜です・ます）」
　の表現は、次の項目で勉強します。

☑ やってみよう

▶ 声に出しながら書いてみよう

サムギョプサルを	サムギョプサル：삼겹살	삼겹살을
海苔巻きを	海苔巻き：김밥	김밥을
トッポギを	トッポギ：떡볶이	떡볶이를
恋愛を	恋愛：연애	연애를
仕事を	仕事：일	일을

語幹＋습니다 / ㅂ니다
（〜です・ます）

▷ 丁寧に言いたいときに使える文末表現

　「습니다 / ㅂ니다」は、動詞や形容詞の後ろにつけて「〜です・ます」
と言いたいときに使える文末表現です。

　ニュースや会議、講演会などで使われます。一般に使う場合は、先輩
や上司など、目上の人に対して使う硬めの表現です。

🔊》 音声086

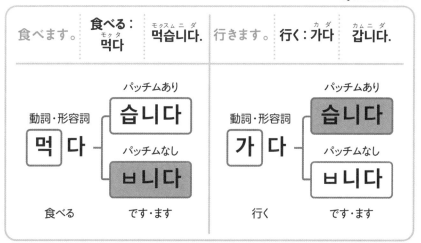

| 食べます。 | 食べる： 먹다 | 먹습니다. | 行きます。 | 行く： 가다 | 갑니다. |

| 動詞・形容詞 먹 다 | パッチムあり 습니다 / パッチムなし ㅂ니다 | 動詞・形容詞 가 다 | パッチムあり 습니다 / パッチムなし ㅂ니다 |
| 食べる | です・ます | 行く | です・ます |

　この文法は**前にくる文字（動詞や形容詞など）の語幹の最後の文字
に、パッチムがあるかないか、さらに、ある場合はパッチムが「ㄹ」か
どうか**で形が変わります。

　語幹の最後の文字に「ㄹ」以外のパッチムがある場合は、「습니다」

を使います。

例 먹다（食べる）→먹습니다（食べます）

　パッチムがない場合と、パッチムが「ㄹ」の場合は「ㅂ니다」を使います。パッチムがない場合は、組み合わさる際に、語幹の最後の文字と「ㅂ」が組み合わさります。

例 가다（行く）→갑니다（行きます）

　「ㄹ」パッチムの場合、「ㄹ」パッチムがなくなり、残った子音と母音が「ㅂ」と組み合わさります。

例 살다（生きる）→삽니다（生きます）

▶ 語幹って？

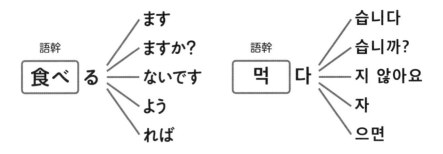

　語幹は、**単語から語尾を除いた残りの部分**のことです。日本語でいうと、「食べる」の「食べ」までの部分が「語幹」です。

　韓国語の場合は、動詞と形容詞の原型は「다」が語末にきます。この**「다」の前までの部分のことを「語幹」**と言います。

　日本語の「食べ」の例を見ればわかる通り、「食べ〜」のあとの形をかえることで、「食べます」「食べますか」「食べないです」など、さまざまな意味を表現できますよね。韓国語も同様に、語幹のあとの形を変えれば、否定形や提案などの文をつくることができます。

🔊》 音声087

☑ やってみよう

▶ 声に出しながら書いてみよう

します。	する：하다 ハ ダ	합니다. ハム ニ ダ
来ます。	来る：오다 オ ダ	옵니다. オム ニ ダ
見ます。	見る：보다 ボ ダ	봅니다. ボム ニ ダ

CHAPTER

2

ゼロから韓国語が身につく！ 9つのSTEP

▶ 文を書いてみよう

サムギョプサルを 食べます。	サムギョプサル： 삼겹살 サムギョプサル 食べる：먹다 モクタ	삼겹살을 먹습니다. サムギョッサ ルー モクスム ニ ダ
仕事をします。	仕事：일　する：하다 イル　　　　ハ ダ	일을 합니다. イルー ハムニ ダ

점심을 먹습니다.
チョム シムル モクスム ニ ダ

お昼ご飯を食べます。

STEP
8

2週目 文法❸
名詞＋에（〜に・へ）

▶ 場所や行動、時間などに使える「〜に・へ」

「에」は「〜に・へ」と言いたいときに使える助詞です。

「○○に行きます」など、**【場所や行動、時間】**を示す場合に使います。

　この文法は、パッチムの有無によって形が変わらないので覚えやすいです。

🔊 音声088

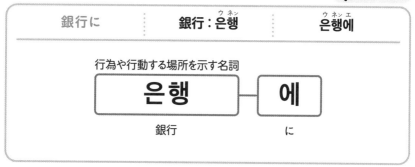

銀行に	銀行：은행	은행에

行為や行動する場所を示す名詞

은행 ── **에**

銀行　　　　　　　　　に

※人や動物が対象になる場合の「〜に」は、「에게」や「한테」を使います。

例 友だちに質問します。：친구에게 질문합니다.
チング エ ゲ チルムナムニダ

☑ やってみよう

▶ 声に出しながら書いてみよう

コンビニに	コンビニ：편의점 ^{ピョヌィジョム}	편의점에 ^{ピョヌィジョメ}
ホテルに	ホテル：호텔 ^{ホテル}	호텔에 ^{ホテレ}
百貨店に	百貨店：백화점 ^{ペックァジョ}	백화점에 ^{ペックァジョメ}

▶ 文を書いてみよう

いつもコンビニに行きます。	いつも：항상 ^{ハンサン} コンビニ：편의점 ^{ピョヌィジョム} 行く：가다 ^{カダ}	항상 편의점에 갑니다. ^{ハンサン ビョヌィジョメ カムニダ}
私たちは市場に行きます。	私たち：우리 ^{ウリ} 市場：시장 ^{シジャン}	우리는 시장에 갑니다. ^{ウリヌン シジャンエ カムニダ}
私は銀行に行きます。	私：저 ^{チョ}　銀行：은행 ^{ウネン} 行く：가다 ^{カダ}	저는 은행에 갑니다. ^{チョヌン ウネンエ カムニダ}

練習問題

1 正しい文法に丸をつけましょう。

1. キムチを食べます。 김치 (을 / 를)(멉니다 / 먹습니다).
2. 銀行に行きます。 (은행 / 으냉) 에 (갑니다 / 가습니다).
3. サムギョプサルを食べます。 삼겹살 (을 / 를)(멉니다 / 먹습니다).
4. 運動をします。 운동 (을 / 를)(합니다 / 하습니다).
5. 恋愛をします。 연애 (을 / 를)(합니다 / 입니다).

こたえ 1. 를・먹습니다 2. 은행・갑니다 3. 을・먹습니다 4. 을・합니다 5. 를・합니다

2 次の文を韓国語で書いてみましょう。

1. 空港へ行きます。

ヒント 空港：공항 、〜に・へ：에 、行く：가다 、
〜します：습니다 / ㅂ니다

こたえ 공항에 갑니다 .

2. タクシーに乗ります。

※「タクシーに乗ります」の「に」に注意しましょう。

ヒント タクシー：택시 、に：을 / 를、乗る：타다、
〜します：습니다 / ㅂ니다

こたえ 택시를 탑니다 .

180

3. 私は私を愛します。

ヒント 私：나、〜は：은/는、〜を：을/를、愛する：사랑하다、

〜します：습니다

こたえ　나는 나를 사랑합니다.

3 次の文を韓国語で書いてみましょう。

1. サムゲタンを食べます。

ヒント サムゲタン：삼계탕、食べる：먹다

こたえ　삼계탕을 먹습니다.

2. 一生懸命仕事をします。

ヒント 一生懸命：열심히、仕事：일、する：하다

こたえ　열심히 일을 합니다.

4 音声を聞いて、聞こえた韓国語を書いてみましょう。

1. 🔊 音声090

こたえ　떡볶이를 먹습니다.（トッポギを食べます。）

2. 🔊 音声091

こたえ　저는 편의점에 갑니다.（私はコンビニへ行きます。）

181

韓国語の「敬語」はムズカシイ？

　韓国では、年齢が1歳でも上なら敬語、1歳でも下ならタメ口と、日本よりも敬語の使い分けがはっきりしています。日本語と同じように敬語を使うと失礼になる場合があるので、使い方に少し注意が必要です。

　たとえば、返事するときの「はい（네）」。
　日本語で「はい」は、社長に対する返事として、まったく失礼になりませんが、韓国語では「はい」ですら敬語で言う必要がある場合があるのです。
　通常の「はい」は「네」。会社などで上司に「네」を使ってもまったく問題ないのですが、社長と話す場合は「예」という「はい」の、よりかしこまった丁寧な言い方を使ったほうがいいです。

　また、他にも日本語とはちがい、助詞にまで敬語表現があります。
　「〜は」は「은 / 는」ですが、「〜は」の敬語は「께서는」と言います。「〜が」の助詞は「이 / 가」と覚えましたが、敬語の場合は「께서」。
　本書ではくわしく紹介していませんが、人や動物などの名詞に使う助詞「〜に」の「에게 / 한테」の敬語は、「께」となります。

　韓国語を勉強し始めのときは、敬語を使いこなせなくても大丈夫です。まずは、相手に伝わる韓国語を話せるだけで十分。1つずつ覚えたことから使っていきましょう。

音声093

動詞

会う	覚える	終わる	着る
_{マンナダ} 만나다	_{ペウダ} 배우다	_{ックンナダ} 끝나다	_{イプタ} 입다

飲む	読む	好きだ・好む
_{マシダ} 마시다	_{イクタ} 읽다	_{チョアハダ} 좋아하다

人や家族

お父さん/パパ	お母さん/ママ	祖父	祖母
_{アボジ アッパ} 아버지 / 아빠	_{オモニ オムマ} 어머니 / 엄마	_{ハラボジ} 할아버지	_{ハルモニ} 할머니
兄（弟から見て）	兄（妹から見て）	姉（弟から見て）	姉（妹から見て）
_{ヒョン} 형	_{オッパ} 오빠	_{ヌナ} 누나	_{オンニ} 언니

弟	妹
_{ナムドンセン} 남동생	_{ヨドンセン} 여동생

恋人・友人

彼氏	男友だち	彼女	女友だち
_{ナムジャ チング} 남자 친구	_{ナムジャ サラム チング} 남자 사람 친구	_{ヨジャ チング} 여자 친구	_{ヨジャ サラム チング} 여자 사람 친구

今日・昨日・明日

今日	昨日	明日
_{オヌル} 오늘	_{オジェ} 어제	_{ネイル} 내일

CHAPTER

2

ゼロから韓国語が身につく！　9つのSTEP

183

月

1月	2月	3月	4月	5月	6月※
イ ロォル **일월**	イ ウォル **이월**	サモォル **삼월**	サ ウォル **사월**	オ ウォル **오월**	ユ ウォル **유월**

7月	8月	9月	10月※	11月	12月
チ ロォル **칠월**	パ ロォル **팔월**	ク ウォル **구월**	シ ウォル **시월**	シ ビ ロォル **십일월**	シ ビ ウォル **십이월**

※6月と10月の読み方に注意しましょう。6と10の本来の漢数詞は「육 (6)」と「십 (10)」ですが、6月と10月は形が変わり、「유월」と「시월」になります。

日

1日	2日	3日	4日
イ リル **일일**	イ イル **이일**	サ ミル **삼일**	サ イル **사일**

5日	10日	20日	30日
オ イル **오일**	シ ビル **십일**	イ シ ビル **이십일**	サム シ ビル **삼십일**

飲み物

コーヒー	カフェラテ	飲料水	マッコリ
コ ビ **커피**	カ ペ ラッテ **카페라떼**	ウムニョ ス **음료수**	マク コル リ **막걸리**

ファッション

服	Tシャツ	帽子	メガネ	かばん
オッ **옷**	ティショツ **티셔츠**	モジャ **모자**	アンギョン **안경**	カ バン **가방**

形容詞

よい	ある	ない	大丈夫だ	幸せだ
チョ タ **좋다**	イッ タ **있다**	オプ タ **없다**	クェンチャンタ **괜찮다**	ヘンボク カ ダ **행복하다**

3週目 文法❶
名詞＋이/가（～が）

▷ パッチムがある場合は「이」、ない場合は「가」

「이/가」は、「彼氏がいます」や「お金がありません」など、「～が」と言いたいときに使える助詞です。

この文法も、前にくる文字の最後にパッチムがあるかないかで形が変わります。

下の図のように、前にくる文字にパッチムがある場合は「이」を使い、パッチムがない場合は「가」を使います。

🔊 音声094

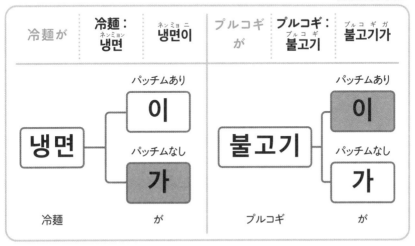

185

▶「私が」と言いたいときは、「私（저/나）」が変化

「이 / 가」の主語が「私」のときには、注意が必要です。

「私」は、韓国語で「저」や「나」と覚えましたね。「私が」になると、「저」は「제」に変わって「제가（私が）」となり、「나」は「내」に変わり「내가（私が）」となります。

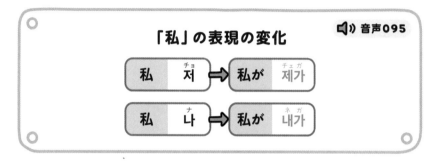

「私」の表現の変化　🔊 音声095

| 私 | 저 | ➡ | 私が | 제가 |
| 私 | 나 | ➡ | 私が | 내가 |

また、「좋아합니다（好きです）」の前に「〜が」と言いたいときは、「이 / 가」ではなく、「을 / 를（〜を）」を使います。

あれ？「을 / 를」は「〜を」という意味だと覚えましたよね？

翻訳するときは、「〜を好きです」と直訳するのではなく、「〜が好きです」と訳します。

例 ジミンが好きです。：지민을 좋아합니다.

こういった新しい情報が加わるたびに、前に覚えたものが覆されるような感覚になり、僕は何度も挫折しています。あまり深く考えすぎず、そういうものとして横に置いておいて先に進んで行きましょう！

☑ やってみよう

▶ 声に出しながら書いてみよう

飲料水が	飲料水：음료수 (ウムニョス)	음료수가 (ウムニョス ガ)
服が	服：옷 (オッ)	옷이 (オ シ)
今日が	今日：오늘 (オ ヌル)	오늘이 (オ ヌ リ)

▶ 文を書いてみよう

服がありません。	服：옷 (オッ)　ない：없다 (オプ タ)	옷이 없습니다. (オ シ オプスムニ ダ)
コーヒーが いいです。	コーヒー：커피 (コ ピ) よい：좋다 (チョ タ)	커피가 좋습니다. (コ ピ ガ チョッスムニ ダ)

커피가 좋습니다. (コ ピ ガ チョッ スム ニ ダ)
コーヒーがいいです。

名詞＋의（～の）

> ▶ 「의」の発音は「ウィ」ではなく「エ」

「의」は、「学校の本」「友だちのかばん」など、「～の」と言いたいときに使える助詞です。この文法は、前にくる文字のパッチムの有無にかかわらず、「의」を組み合わせるだけで、日本語の「～の」のように使えます。

　使い方はかんたんですが、読み方には少し注意が必要です。
「의」の読み方は、**「ウィ」**と覚えましたよね。
　しかし、「～の」を意味するときの「의」は**「エ」**と読みます。
　日本語でいうなら、「○○さんへ」の「へ」を「え」と普通に読み変えているようなもの。「場合によっては読み方が変わるんだなぁ」ぐらいに、深く考えすぎず覚えていきましょう。

🔊 音声097

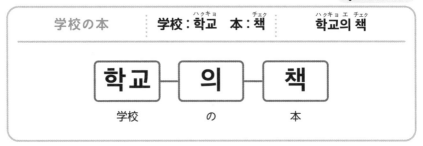

| 学校の本 | 学校：학교（ハクキョ） 本：책（チェク） | 학교의 책（ハクキョ エ チェク） |

학교	의	책
学校	の	本

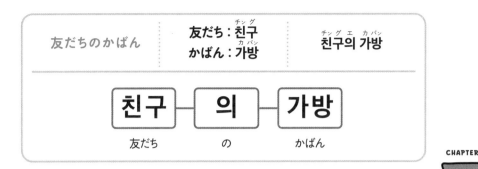

▷「의」は省略して使う場合が多い

　じつは、**「〜の」を意味する「의」は、省略されることが多い**です。
　たとえば、「학교의 책（学校の本）」は「학교 책」、「친구의 가방（友だちのかばん）」は「친구 가방」といった形で、「의」を使わずに書いたり話したりします。
　ただし、「幸運の女神（행운의 여신）」や「心の声（마음의 소리）」など、前の言葉が後ろの言葉を比喩しているときなど、例外的に省略できない場合もあります。
　使い分けが難しいですが、省略したほうが自然な韓国語になる場合が多いです。**日本語のように必ず「の」を入れるわけではない**、とだけ覚えておきましょう。

　韓国語で「私の」と言いたいとき、上記の通り、「의」は省略できる上に、「私」の韓国語も変化します。
　「私の」の「저의」は「제（私の）」と変化し、「私の」の「나의」は「내（私の）」と変化します。

　また、「〜の」以外にも、会話では「〜は」や「〜を」も省略できます。
　例 サムギョプサルを食べました。
　삼겹살을 먹습니다. → 삼겹살 먹습니다.（「을」を省略）

▷「私は」「私を」「私が」「私の」の短縮形

「私（ナ、チョ）」や「私たち（ウリ）」のあとにくる、「〜は」や「〜を」を省略する場合、**「私」の表現と合わせて短縮する**こともあります。変化を一覧にまとめたので、ぜひ参考にしてみてください。

「私（ナ、チョ）」と「私たち（ウリ）」の変化　　🔊 音声098

日本語	韓国語	〜は	〜を	〜が	〜の
私	나 ナ	나는→난 ナヌン ナン	나를→날 ナルー ナル	내가 ネ ガ	나의→내 ナ エ ネ
私 （謙譲語）	저 チョ （나の謙譲語）	저는→전 チョヌン チョン	저를→절 チョルー チョル	제가 チェ ガ	저의→제 チョ エ チェ
私たち	우리 ウリ	우리는→ 우린 ウリヌン ウリン	우리를→ 우릴 ウリルー ウリル	우리가 ウリ ガ	우리의→ 우리 ウリ エ ウリ

▷韓国語の「あなた」は使い方が難しい

　気づいたかもしれませんが、本書では韓国語の「あなた」や「君」という意味の「당신」や「너」などを紹介していません。なぜなら、**「あなた」の使い方には注意が必要**だからです。

　場面や使い方によっては、問題なく「あなた」や「君」という意味にもなる言葉ですが、反面、場面や使い方を間違えると**「お前」**という意味にもなり、失礼になってしまう場合があります。
　使い方がわかるまでは「あなた」や「君」を使わずに、名前や役職などで呼ぶようにしましょう。

また、韓国では名前を呼ぶときに、フルネームのあとに**「さん（氏）」**や**「様（님）」**をつけます。

注意として、名字のあとに、「さん」をつけて「加藤さん」という呼び方は、韓国では失礼にあたります。

「（下の名前）＋さん」は失礼ではないので、**フルネームのあとか、名前のあとに「さん」や「様」をつける**ようにしましょう。

例 キム・ミンジさん：김민지씨（キムミンジッシ）　ヒョヌさん：현우씨（ヒョヌッシ）

🔊 音声099

☑️ やってみよう

▶ 声に出しながら書いてみよう

昨日の	昨日：어제（オジェ）	어제의（オジェエ）
私の	私：나（ナ）	내（ネ）
お母さんの	お母さん：어머니（オモニ）	어머니의（オモニエ）
10月の	10月：10월（シウォル）	10월의（シウォレ）
女友だちの	女友だち：여자 사람 친구（ヨジャ サラム チング）	여자 사람 친구의（ヨジャ サラム チング エ）

▶ 文を書いてみよう

お姉さんの彼氏ですか？	お姉さん：언니（オンニ）彼氏：남자 친구（ナムジャ チング）	언니의 남자 친구예요?（オンニ エ ナムジャ チング エ ヨ）
私の本です。	私：저（チョ）　本：책（チェク）	제 책입니다.（チェ チェギムニダ）

3週目 文法❸

과/와/이랑/랑/하고
(クァ ワ イ ラン ラン ハ ゴ)
(〜と)

▶ 「AとB」の「と」は、話し言葉と書き言葉で使い分ける

「6月と10月」など、「〜と」という助詞は、大きく分けて3つあります。

書き言葉で使える「과/와」、話し言葉で使える「이랑/랑」、そして主に話し言葉として使う「하고」です。

ちょっと複雑ですが、日本語にも書き言葉と話し言葉があるのと同じです。

🔊》 音声100

「과 / 와」や「이랑 / 랑」は、前にくる文字の最後にパッチムがあるか
ないかで形が変わります。書き言葉の場合、パッチムがあれば「과」を
使い、パッチムがなければ「와」を使います。話し言葉の場合、パッチ
ムがあれば「이랑」、パッチムがなければ「랑」を使います。

僕は最初、覚えるのが大変だったので、「～と」と言いたいときは
「하고」ばかり使っていました。ただでさえパッチムの有無で形が変わ
るのに、話すときはこっち！　書くときはこっち！　と使い分けまで考
えてしまうと、頭が混乱するからです。

話すときは「하고」を使えば、パッチムも考えなくていいのでラクで
す。**わからなくなりそうなときは「하고」**を使いましょう。徐々に韓国
語に慣れてきたら、「과 / 와」や「이랑 / 랑」も使えるといいですね。

「と」の使い分け一覧表　　🔊 音声101

		ある場合	과
・書き言葉 ・フォーマルな 　話し言葉	パッチムの有無		
		ない場合	와
・話し言葉 ・フランクな 　話し言葉	パッチムの有無に関係ない		하고
	パッチムの有無	ある場合	이랑
		ない場合	랑

193

☑ やってみよう

▶ 声に出しながら書いてみよう

コーヒーと	コーヒー：<ruby>커피<rt>コ ピ</rt></ruby>	<ruby>커피와<rt>コ ピ ワ</rt></ruby>
帽子とメガネ	帽子：<ruby>모자<rt>モ ジャ</rt></ruby> メガネ：<ruby>안경<rt>アンギョン</rt></ruby>	<ruby>모자랑 안경<rt>モ ジャ ラン アンギョン</rt></ruby>
3日と5日	3日：<ruby>삼일<rt>サ ミル</rt></ruby>　5日：<ruby>오일<rt>オ イル</rt></ruby>	<ruby>삼일이랑 오일<rt>サ ミ リ ラン オ イル</rt></ruby>

▶ 文を書いてみよう

友だちと韓国へ行きます。	友だち：<ruby>친구<rt>チン グ</rt></ruby> 韓国：<ruby>한국<rt>ハン グク</rt></ruby> 行く：<ruby>가다<rt>カ ダ</rt></ruby>	<ruby>친구하고 한국에<rt>チン グ ハ ゴ ハン グ ゲ</rt></ruby> <ruby>갑니다.<rt>カム ニ ダ</rt></ruby>
サムギョプサルと味噌鍋を食べます。	サムギョプサル：<ruby>삼겹살<rt>サムギョプサル</rt></ruby> 味噌鍋：<ruby>된장찌개<rt>テェンジャンッチ ゲ</rt></ruby> 食べる：<ruby>먹다<rt>モク タ</rt></ruby>	<ruby>삼겹살이랑 된장찌개를<rt>サギョプ サ リ ラン テェンジャンッチ ゲ ルー</rt></ruby> <ruby>먹습니다.<rt>モクスム ニ ダ</rt></ruby>

<ruby>삼겹살이랑 된장찌개 주세요.<rt>サム ギョプ サ リ ラン テェンジャン ッチ ゲ ジュ セ ヨ</rt></ruby>
サムギョプサルと味噌鍋ください。

練習問題

1 **韓国語の正しい文法や単語に丸をつけましょう。**

1. 2月と5月は韓国へ行きます。

   2월 (하고 / 와) 5월은 한국에 갑니다.

2. トッポギとタッカルビがいいです。

   떡볶이 (과 / 와) 닭갈비 (이 / 가) 좋습니다.

3. 私の服がありません。

   (재 / 제) 옷이 (있습니다 / 없습니다).

4. 多くの愛と関心に感謝します。(※たくさんの: 많은^{マ ヌン}、関心: 관심^{クァンシム}、感謝: 감사^{カム サ})

   많은 사랑 (과 / 와) 관심에 감사드립니다.

5. お兄さんとお姉さんがいて幸せです。

   오빠 (과 / 와) 언니 (이 / 가) 있어서 행복합니다.

   こたえ 1. 하고 2. 와・가 3. 제・없습니다 4. 과 5. 와・가

2 **次の文を韓国語で書いてみましょう。**

1. 友だちとアメリカへ行きます。

   ヒント 友だち：친구、と：하고、アメリカ：미국、に・へ：에、

   　　　 行く：가다、〜ます：습니다 / ㅂ니다

   ┌─────────────────────────────────┐
   │   │
   │   │
   └─────────────────────────────────┘

   こたえ 친구하고 미국에 갑니다.

2. 私の服はありませんか？

   ヒント 私の：제、服：옷、は：은 / 는、ない：없다、

   　　　 〜ですか？：습니까 ?/ ㅂ니까 ?

   ┌─────────────────────────────────┐
   │   │
   │   │
   └─────────────────────────────────┘

   こたえ 제 옷은 없습니까 ?

3. 友だちと約束があります。

ヒント 友だち：친구、と：과 / 와、約束：약속、が：이 / 가、
あ る：있다、します・です：습니다 / ㅂ니다

こたえ 친구와 약속이 있습니다.

3 次の文を韓国語で書いてみましょう。

1. 帽子とメガネを買います。

ヒント 帽子：모자、と：과 / 와、メガネ：안경、買う：사다

こたえ 모자와 안경을 삽니다.

2. お姉さんの彼氏です。

ヒント お姉さん：언니、彼氏：남자 친구、です：이에요 / 예요

こたえ 언니의 남자 친구예요.

4 音声を聞いて、聞こえた韓国語を書いてみましょう。

1. 🔊 音声103

こたえ 삼겹살과 삼계탕을 먹습니다. (サムギョプサルとサムゲタンを食べます。)

2. 🔊 音声104

こたえ 누나랑 남동생이 있습니다. (姉と弟がいます。)

🔊 音声105

動詞

なる	探す	教える	待つ
テダ **되다**	チャッタ **찾다**	カルチダ **가르치다**	キダリダ **기다리다**

方向

上	下	内	前	外
ウィ **위**	アレ ミッ **아래 (밑)**	アン **안**	アプ **앞**	パク **밖**

後ろ	横	右・右側	左・左側	真ん中
ティ **뒤**	ヨプ **옆**	オ ルンッチョク **오른쪽**	ウェンッチョク **왼쪽**	カ ウン デ **가운데**

副詞

すべて	たくさん	すでに	やっぱり	よく
タ **다**	マ ニ **많이**	イジェ **이제**	ヨク シ **역시**	チャル **잘**

曜日

日曜日	月曜日	火曜日	水曜日
イ リョイル **일요일**	ウォリョイル **월요일**	ファヨ イル **화요일**	ス ヨ イル **수요일**

木曜日	金曜日	土曜日
モ ギョイル **목요일**	ク ミョイル **금요일**	ト ヨ イル **토요일**

時間

1時	2時	3時	4時
ハン シ 한 시	トゥ シ 두 시	セ シ 세 시	ネ シ 네 시

5時	6時	7時	8時
タ ソッ シ 다섯 시	ヨ ソッ シ 여섯 시	イルゴプ シ 일곱 시	ヨ ドル シ 여덟 시

9時	10時	11時	12時
ア ホプ シ 아홉 시	ヨル シ 열 시	ヨ ラン シ 열한 시	ヨルトゥ シ 열두 시

季節

春	夏	秋	冬
ポム 봄	ヨ ルム 여름	カ ウル 가을	キョウル 겨울

韓国の地名など

明洞	仁寺洞	光化門	鐘路	東大門	南大門
ミョンドン 명동	イン サ ドン 인사동	クァンファムン 광화문	チョン ノ 종로	トン デ ムン 동대문	ナム デ ムン 남대문

弘大	江南	釜山	大邱	チェジュ島	景福宮
ホン デ 홍대	カン ナム 강남	プ サン 부산	テ グ 대구	チェジュ ド 제주도	キョンボククン 경복궁

4週目 文法❶

語幹＋아요/어요
（〜です・ます）

▷ 語幹の母音で変わる「〜です・ます」

「아요 / 어요」は「〜です・ます」と言いたいときに使える文末表現です。

　ここまで出てきた「〜です」の表現をまとめると、**「입니다」「예요 / 이에요」は名詞の後ろ**につき、**「습니다 / ㅂ니다」「아요 / 어요」は、動詞や形容詞の後ろ**につきます。

● 4つの「〜です」

🔊 **音声106**

名詞＋입니다	かしこまった場面で使う
名詞＋예요 / 이에요	日常会話でよく使われる
語幹＋습니다 / ㅂ니다	かしこまった場面で使う
語幹＋아요 / 어요	丁寧語だが、日常的な場面で使われる

　「아요 / 어요」は「습니다 / ㅂ니다」よりも、少し柔らかい言い方なので、大事な会議やプレゼンよりも日常的な場面で使われます。韓国旅行中に店員さんに話しかける場合は、「아요 / 어요」を使って大丈夫ですよ！
「아요 / 어요」は、「아요？↗」「어요？↗」と語尾を上げると疑問形としても使える、大変便利な表現です。

　「아요」と「어요」の使い分けは語幹の母音によって変わります。

　前にくる単語（動詞や形容詞）の語幹の最後の文字が「ㅏ」や「ㅗ」

の母音の場合は、「아요」を使います。**それ以外（「ㅏ」や「ㅗ」以外）の母音の場合は「어요」を使います。**母音によって組み合わさる形が変わることを覚えておきましょう。

たとえば「가다（行く）」の語幹は「가」で母音は「ㅏ」なので、「아요」と組み合わさります。組み合わせるときは、「가」と「아」が合体して、「가요（行きます）」となります。

の母音の場合は、「아요」を使います。**それ以外（「ㅏ」や「ㅗ」以外）の母音の場合は「어요」を使います。**母音によって組み合わさる形が変わることを覚えておきましょう。

たとえば「가다（行く）」の語幹は「가」で母音は「ㅏ」なので、「아요」と組み合わさります。組み合わせるときは、「가」と「아」が合体して、「가요（行きます）」となります。

🔊 音声107

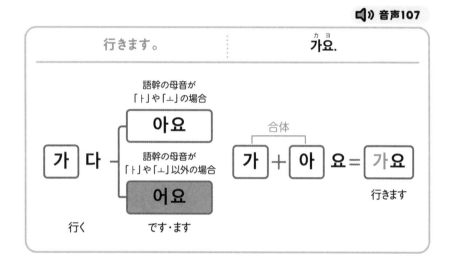

「멀다（遠い）」の語幹は「멀」で、母音は「ㅓ」なので「어요」と組み合わさります。この場合は、語幹にパッチムがあるので「멀」と「어」は先ほどの「가」のように合体せずに、「멀」と「어요」が組み合わさり、「멀어요（遠いです）」となります。

200

🔊》 音声108

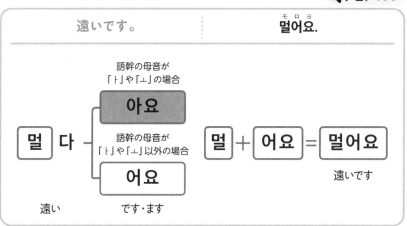

　また「아요／어요」は、動詞や形容詞のあとにつく「〜です・ます」ですが、「하다（〜する）」の動詞のあとには、例外として「여요」が組み合わさります。「하다」と「여요」が組み合わさると「해요（〜します）」となります。

　他にも、「오다（来る）」や「보다（見る）」といった単語は、語幹の母音が「ㅗ」なので「아요」と組み合わさります。その際に「ㅗ」と「ㅏ」が合体して「ㅘ」の二重母音になり、「와요（来ます）」「봐요（見ます）」となります。

今回は、動詞や形容詞と「아」や「어」を組み合わせるときに、形が変わるものもあって大変でしたね。自分のペースで少しずつ覚えていきましょう。

🔊 音声109

☑ やってみよう

▶ 声に出しながら書いてみよう

します。	する：<ruby>하다<rt>ハ ダ</rt></ruby>	<ruby>해요<rt>ヘ ヨ</rt></ruby>.
来ます。	来る：<ruby>오다<rt>オ ダ</rt></ruby>	<ruby>와요<rt>ワ ヨ</rt></ruby>.
乗ります。	乗る：<ruby>타다<rt>タ ダ</rt></ruby>	<ruby>타요<rt>タ ヨ</rt></ruby>.
探します。	探す：<ruby>찾다<rt>チャッタ</rt></ruby>	<ruby>찾아요<rt>チャジャ ヨ</rt></ruby>.
よいです。 いいね。	よい：<ruby>좋다<rt>チョ タ</rt></ruby>	<ruby>좋아요<rt>チョア ヨ</rt></ruby>.

▶ 文を書いてみよう

今日は明洞へ 行きます。	今日：<ruby>오늘<rt>オ ヌル</rt></ruby>　明洞：<ruby>명동<rt>ミョンドン</rt></ruby> 行く：<ruby>가다<rt>カ ダ</rt></ruby>	<ruby>오늘은 명동에 가요<rt>オ ヌ ルン ミョンドン エ　カ ヨ</rt></ruby>.
友だちと 運動をします。	友だち：<ruby>친구<rt>チ ン グ</rt></ruby> 運動：<ruby>운동<rt>ウンドン</rt></ruby>　する：<ruby>하다<rt>ハ ダ</rt></ruby>	<ruby>친구랑 운동을 해요<rt>チ ン グ ラン ウンドンウル　ヘ ヨ</rt></ruby>.

4週目 文法❷
語幹＋<ruby>았다<rt>アッタ</rt></ruby>/<ruby>었다<rt>オッタ</rt></ruby>
（〜した・〜だった）

▷ 過去形の表現

「<ruby>았다<rt>アッタ</rt></ruby>/<ruby>었다<rt>オッタ</rt></ruby>」は「〜した・〜だった」という過去のことを言いたいときに使える文末表現です。「<ruby>았다<rt>アッタ</rt></ruby>」と「<ruby>었다<rt>オッタ</rt></ruby>」の使い分けは「<ruby>아요<rt>アヨ</rt></ruby>/<ruby>어요<rt>オヨ</rt></ruby>」と同じで、語幹の母音によって変わります。

語幹の最後の文字が「<ruby>ㅏ<rt>ア</rt></ruby>」や「<ruby>ㅗ<rt>オ</rt></ruby>」の母音の場合は、「<ruby>았다<rt>アッタ</rt></ruby>」を使います。それ以外（「<ruby>ㅏ<rt>ア</rt></ruby>」や「<ruby>ㅗ<rt>オ</rt></ruby>」以外）の母音の場合は、「<ruby>었다<rt>オッタ</rt></ruby>」を使います。

たとえば「<ruby>가다<rt>カダ</rt></ruby>（行く）」の語幹は「<ruby>가<rt>カ</rt></ruby>」で、母音は「ㅏ」なので「<ruby>았다<rt>アッタ</rt></ruby>」と組み合わさります。組み合わせるときは、「<ruby>가<rt>カ</rt></ruby>」と「<ruby>았<rt>アッ</rt></ruby>」が合体して、「<ruby>갔다<rt>カッタ</rt></ruby>（行った）」となります。

🔊 **音声110**

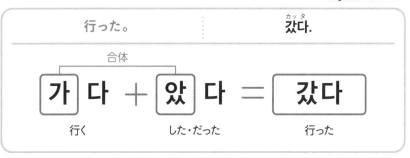

丁寧語にしたい場合は、「<ruby>갔다<rt>カッタ</rt></ruby>（行った）」と「<ruby>어요<rt>オヨ</rt></ruby>」を組み合わせて、「<ruby>갔어요<rt>カッソヨ</rt></ruby>（行きました）」という文にできます。

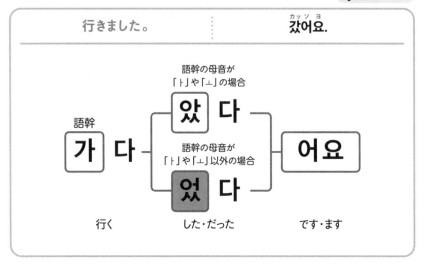

行きました。　　⋯⋯　**갔어요.**（カッソヨ）

語幹の母音が
「ㅏ」や「ㅗ」の場合

았다

語幹

가다

語幹の母音が
「ㅏ」や「ㅗ」以外の場合

었다

어요

行く　　　　した・だった　　　　です・ます

　さらに語尾に「?」をつけるだけで、「行きましたか？（갔어요?（カッソヨ）)」という疑問形の文にもできます。少し応用になるので大変かもしれませんが、組み合わせて使ってみてください！

☑ やってみよう

▶ 声に出しながら書いてみよう

食べました。	食べる：먹다 (モクタ)	먹었습니다. (モ ゴッスム ニ ダ)
来ました。	来る：오다 (オ ダ)	왔어요. (ワッソ ヨ)
行きましたか?	行く：가다 (カ ダ)	갔습니까? (カッスム ニ ッカ)
ありません でしたか?	ない：없다 (オプ タ)	없었어요? (オプソッソ ヨ)

▶ 文を書いてみよう

運動をしました。	運動：운동 (ウンドン) する：하다 (ハ ダ)	운동을 했습니다. (ウンドンウル ヘッスム ニ ダ)
昨日は サムギョプサルを 食べました。	昨日：어제 (オ ジェ) サムギョプサル：삼겹살 (サムギョプサル) 食べる：먹다 (モク タ)	어제는 삼겹살을 (オ ジェヌン サムギョプ サ ルー) 먹었습니다. (モ ゴッスム ニ ダ)
昨日は どこに 行きましたか?	昨日：어제 (オ ジェ) どこ：어디 (オ ディ) 行く：가다 (カ ダ)	어제는 어디에 (オ ジェヌン オ ディ エ) 갔습니까? (カッスム ニ ッカ)

4 週目 文法❸
안＋語幹/語幹＋지 않다
（〜ない）

▶「안」は語幹の前につける

　「안(アン)」は動詞や形容詞の前につけて、「〜ない」と否定したいときに使える表現です。たとえば、「안(アン)」は「가다(カダ)（行く）」の前につけて、「안가다(アンガダ)（行かない）」とできます。さらに丁寧語にしたい場合は、「아요(アョ)（〜です）」をつけると、「안가요(アンガョ)（行きません）」となります。

🔊 音声113

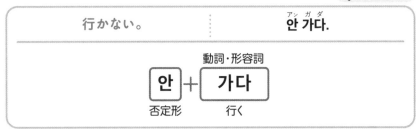

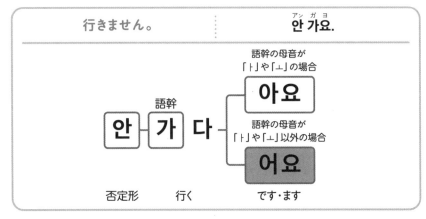

「좋다（よい）」の単語（形容詞）の前につけて、「안 좋아요（よくありません）」とすることもできます。

▷「지 않다」は語幹の後ろにつける

そして否定形にはもう1つ、「지 않다」という言い方があります。
「지 않다」も「〜ない」と否定したいときに使える表現です。
「지 않다」の使い方は「안」とは逆で、語幹の後ろに組み合わせます。

「가다（行く）」の語幹は「가」で、その語幹と「지 않다」を組み合わせるだけで「가지 않다（行かない）」と否定形にできます。
　それに加えて「아요（〜です・ます）」を組み合わせると、「가지 않아요（行きません）」にできます。

◁》 音声114

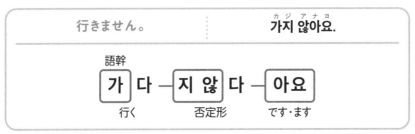

また、過去形の「았어요（〜しました）」を組み合わせることで、「가지 않았어요（行きませんでした）」と過去形の否定文をつくれます。

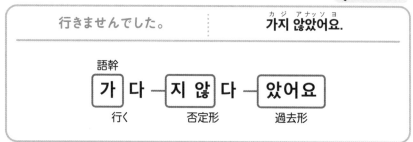

行きませんでした。	가지 않았어요.

カジ アナッ ソ ヨ

語幹
가 다 → 지 않 다 → 았어요
行く　　　　否定形　　　過去形

今週は過去形や否定形も覚えて大変でしたね。

複数の活用を組み合わせて考えるのは、最初のうちはちょっと難しいので、「来ました」は「왔어요」というんだな、という感じでフレーズをそのまま覚えるのでももちろん大丈夫です。あとから活用を少しずつ覚えていきましょう。

☑ やってみよう

▶ 声に出しながら書いてみよう

見ません。	見る：보다 ポ ダ	안 봅니다. アン ボム ニ ダ
来ませんでした。	来る：오다 オ ダ	오지 않았어요. オ ジ アナッ ソ ヨ

▶ 文にしてみよう

私はキムチを 食べません。	私：저　キムチ：김치 チョ　　　　　　キム チ 食べる：먹다 モク タ	저는 김치를 チョヌン キム チ ルー 안 먹습니다. アン モクスム ニ ダ
お父さんは 映画を見ません。	お父さん：아버지 アボ ジ 映画：영화　見る：보다 ヨンファ　　　　　ポ ダ	아버지는 ア ボ ジヌン 영화를 안 봐요. ヨンファルー アン ボァ ヨ

練習問題

1 韓国語の正しい文法や単語に丸をつけましょう。

1. 女友だちと東大門へ行きます 。

   여자 사람 찬구 (이랑 / 랑) 동대문에 (와요 / 가요).

2. 今日は何をしますか？　오늘은 무엇을 (해요 ?/ 하아요 ?)

3. 昨日は運動をしました。 어제는 운동을 (했습니다 / 하았습니다).

4. 部長は来ませんでした。(※〜様 : 〜님)

   부장님은 (앙 / 안) (왔어요 / 오았어요) .

5. ハリンさんはキムチを食べません。 (※〜さん : 〜씨)

   하린씨는 김치를 (먹지 않아요 / 먹기 않아요).

   こたえ　1. 랑・가요　2. 해요？　3. 했습니다　4. 안・왔어요　5. 먹지 않아요

2 次の文を韓国語で書いてみましょう。

1. 今日は明洞へ行きます。

   ヒント 今日：오늘、は：은 / 는、明洞：명동、に・へ：에、行く 가다、
   〜ます：아요 / 어요

   こたえ　오늘은 명동에 가요 .

2. 昨日はどこに行きましたか？

   ヒント 昨日：어제、は：은 / 는、どこ：어디、に：에、
   行きました：갔어요

   こたえ　어제는 어디에 갔어요 ?

3. 朝ごはんはあまり食べません※。※直訳は「よく食べません」。

ヒント 朝ごはん：아침、は：은 / 는、よく：잘、食べる：먹다、
〜しません：지 않아요

こたえ　아침은 잘 먹지 않아요 .

3 次の文を韓国語で書いてみましょう。

1. 韓国語の勉強をします。

ヒント 韓国語：한국어、勉強：공부（コンブ）

こたえ　한국어 (의) 공부를 해요 . ※의は省略可能。

2. 私を好きじゃないのですか？

ヒント 私：나、好き：좋아하다、〜ないのですか？：지 않아요？

こたえ　나를 좋아하지 않아요 ?

4 聞こえた韓国語を書いてみましょう。

1. 🔊 音声117

こたえ　인사동과 경복궁에 가요 . (仁寺洞と景福宮へ行きます。)

2. 🔊 音声118

こたえ　아버지는 영화를 안 봤어요 . (お父さんは映画を見ませんでした。)

🔊 音声119

動詞

質問する	答える	休む	話す	準備する
チルムナダ 질문하다	テダパダ 대답하다	シュイダ 쉬다	イヤギハダ 이야기하다	チュンビハダ 준비하다
寝る	起きる	運動する	売る	買う
チャダ 자다	イロナダ 일어나다	ウンドンハダ 운동하다	パルダ 팔다	サダ 사다

食事

パン	ケーキ	お菓子	かき氷	箸
ッパン 빵	ケイク 케이크	クァジャ 과자	ピンス 빙수	チョッカラク 젓가락
スプーン	フォーク	ナイフ	皿	コップ
スッカラク 숟가락	ポク 포크	ナイプ 나이프	チョプシ 접시	コプ 컵

体

身体	頭	顔	目	鼻
モム 몸	モリ 머리	オルグル 얼굴	ヌン 눈	コ 코
口	唇	耳	首	胸
イプ 입	イプスル 입술	クィ 귀	モク 목	カスム 가슴
腹	肩	腕	手	脚
ペ 배	オッケ 어깨	パル 팔	ソン 손	タリ 다리

個数

1個	2個	3個	4個	5個
ハンゲ ハナ 한 개 (하나)	トゥゲ 두 개	セゲ 세 개	ネゲ 네 개	タソッケ 다섯 개

CHAPTER

2

ゼロから韓国語が身につく！ 9つのSTEP

211

その他の名詞

心	気分	お金	価格
マ ウム **마음**	キ ブン **기분**	トン **돈**	カ ギョク **가격**
場所	勉強	誕生日	本当・本物
チャン ソ **장소**	コン ブ **공부**	センイル **생일**	チンチャ **진짜**

副詞

よく・たびたび	少し・わずか	さっき
チャジュ **자주**	チョグム **조금**	ア ッカ **아까**
一番・もっとも	あまり・それほど	ときどき・たまに
チェイル **제일**	ピョル ロ **별로**	カックム **가끔**

ポ ク
포크
フォーク

ケ イ ク
케이크
ケーキ

チョプ シ
접시
皿

コッ プ
컵
コップ

5週目 文法❶

語幹＋고 있다（〜している）
（コ イッタ）

▷ **現在進行形の表現**

「고 있다」は、「〜している」と進行している様子を表す表現です。
（コ イッタ）

「고 있다」の使い方は、前にくる単語（動詞）の語幹と組み合わさりま
（コ イッタ）
す。たとえば、「하다」の場合、語幹が「하」なので、「하」と「고 있다」
（ハダ）　　　　　　　　　　（ハ）　　（ハ）　　（コ イッタ）
が組み合わさり「하고 있다（〜している）」となります。
（ハゴ イッタ）

さらに、「습니다」や「어요」を文末に加えると、「〜しています」の
（スムニダ）　（オヨ）
丁寧な表現ができます。文末に加えるときは、「있다」の語幹「있」と
（イッタ）　　　　（イッ）
組み合わさり、「하고 있습니다」「하고 있어요」となります。
（ハゴ イッスムニダ）（ハゴ イッソヨ）

🔊 **音声120**

運動をしています。	運動을 하고 있습니다.

（ウンドンウル ハ ゴ イッスム ニ ダ）

운동을 하	다	고 있	다	습니다
運動を	する	〜している		です・ます

場所を探しています。	장소를 찾고 있어요.

（チャンソ ルー チャッコ イッソ ヨ）

장소를 찾	다	고 있	다	어요
場所を	探す	〜している		です・ます

注意点としては読み方です。「하고」の場合は「ハゴ」と「고」が濁りますが、「찾고」の場合は「チャッコ」と「고」が濁りません。

動詞と文末表現を組み合わせて文章にしてみましょう。

🔊 **音声121**

☑ **やってみよう**

▶ **声に出しながら書いてみよう**

しています。	する：하다	하고 있습니다.
食べています。	食べる：먹다	먹고 있습니다.
寝ています。	寝る：자다	자고 있어요.
休んでいます。	休む：쉬다	쉬고 있어요.
見ています。	見る：보다	보고 있어요.

▶ **文を書いてみよう**

友だちと一緒に運動しています。	友だち：친구 一緒に：같이 運動：운동　する：하다	친구와 같이 운동을 하고 있습니다.
サムギョプサルのお店を探しています。	サムギョプサル：삼겹살 お店：가게　探す：찾다	삼겹살 가게를 찾고 있어요.

5週目 文法❷
語幹＋고 싶다（コ シプ タ）（〜したい）

▷ 希望や願望を表現

「고 싶다」は「〜したい」という希望や願望を表す表現です。

「고 싶다」の使い方は、「고 있다」と同じように前にくる単語（動詞）の語幹と組み合わさります。「가다」の場合、語幹が「가」なので、「가」と「고 싶다」が組み合わさり「가고 싶다（行きたい）」となります。

「〜したいです」と、丁寧に言いたい場合は、「습니다」や「어요」を文末に加えましょう。「고 싶다」と組み合わさり、「고 싶습니다」「고 싶어요」となります。

🔊 音声122

韓国へ行きたいです。	한국에 가고 싶습니다.

한국에 가	다 →	고 싶	다 →	습니다
韓国へ　　　　行く		〜したい		です・ます

サムギョプサルを食べたいです。	삼겹살을 먹고 싶어요.

삼겹살을 먹	다 →	고 싶	다 →	어요
サムギョプサルを　　食べる		〜したい		です・ます

この文法にかぎらずですが、使い方によって意味が異なる場合があるので注意しましょう。

　たとえば、「보다」は「見る」という意味の単語なので、「고 싶다（〜したい）」との組み合わせで、「보고 싶다」とすれば、「見たい」という意味になるはずですよね。じつは、「보고 싶다」は見たいという意味もありますが、**「会いたい」**という意味になる場合もあります。

　韓国ドラマや韓国の曲を聞いていると、「보고 싶다」というフレーズがよく出てきます。その場合は、「会いたい」という思いで使われていることが多いです。

では、「見たい」と言いたいときはどうすればいいのか。

　答えはかんたんです。

　ちゃんと**「目的語」**を加えればいいだけです。

　映画が見たければ「영화를 보고 싶다.（映画が見たい）」、韓国ドラマが見たければ「한국 드라마를 보고 싶다.（韓国ドラマが見たい）」という具合ですね。

　ただし、「会いたい」＝「보고 싶다」と解釈するのも注意が必要です。**「보고 싶다」は愛情表現もふくまれるような感情**がこめられています。

　ビジネスなどそんなに感情をこめる必要もない関係で、会いたいと言いたいときは「만나고 싶다（会いたい）」を使うといいですね。

　ただ、ビジネスこそ対面で会ったら「보고 싶었습니다（会いたかったです）」と言ったほうが、感情のこもった会いたい気持ちを伝えられるので、相手に好印象を与えられるかもしれませんね！

🔊 音声123

☑ やってみよう

▶ 声に出しながら書いてみよう

買いたいです。	買う：사다 _{サ ダ}	サ ゴ シプスムニ ダ 사고 싶습니다.
行きたいです。	行く：가다 _{カ ダ}	カ ゴ シッポ ヨ 가고 싶어요.
見たい（会いたい） です。	見る・会う：보다 _{ポ ダ}	ポ ゴ シッポ ヨ 보고 싶어요.

▶ 文を書いてみよう

| 私は豆腐鍋
（スンドゥブチゲ）を
食べたいです。 | 私：저 _{チョ}
豆腐鍋：순두부찌개 _{スンドゥブ ブッチゲ}
食べる：먹다 _{モクタ} | チョヌン スンドゥブ ブッチゲ ゲルー
저는 순두부찌개를
モクコ シプスムニ ダ
먹고 싶습니다. |
| 彼女とデート
したいです。 | 彼女：여자 친구 _{ヨジャ チング}
デート：데이트 _{テイトゥ}
する：하다 _{ハ ダ} | ヨジャ チング グラン テ イトゥ
여자 친구랑 데이트
ハ ゴ シッポ ヨ
하고 싶어요. |

5週目 文法❸

名詞＋주세요（～ください）

チュ セ ヨ

▶ ほしいものを伝えるときに使える

「주세요」は「～をください」と言いたいときに使える文末表現です。
「주세요」の前に数やほしいものを入れるだけで注文できたり、買い物
に使えたりするのでとても便利です。

🔊 音声124

1つください。	ハ ナ ジュ セ ヨ 하나 주세요.

$$하나 - 주세요$$

1つ　　　　　　ください

これください。	イ ゴ ジュ セ ヨ 이거 주세요.

$$이거 - 주세요$$

これ　　　　　ください

　発音はP115～116ページ（有声音化の解説）でも紹介しましたが、
「주세요」は単体で読むと、「チュセヨ」ですが、「～をください」とい
う場合は、「ジュセヨ」と濁ります。

　また、「語幹＋아/어 주세요」とすると、「～してください」と行動
を依頼する表現にもなります。タクシー運転手に目的地を伝えたいとき

などに使えますよ。

例 明洞へ行ってください。
<ruby>明<rt>ミョンドン</rt></ruby> <ruby>に<rt>エ</rt></ruby> <ruby>가<rt>カ</rt></ruby> <ruby>주세요<rt>ジュセヨ</rt></ruby>.
명동에 가 주세요.

🔊 音声125

✅ やってみよう

▶ 覚えた単語と文法を組み合わせて声に出しながら書いてみよう

2個ください。	2個：두 개 トゥ ゲ	두 개 주세요. トゥ ゲ ジュセヨ
たくさんください。	たくさん：많이 マ ニ	많이 주세요. マ ニ ジュセヨ

▶ 文を書いてみよう

トッポギを1つ ください。	トッポギ：떡볶이 トクポクキ 1つ：하나 ハ ナ	떡볶이를 하나 주세요. トクポクキルー ハ ナ ジュセヨ
海苔巻きを2つ ください。	海苔巻き：김밥 キムパプ 2つ：두 개 トゥ ゲ	김밥을 두 개 주세요. キム パブルトゥ ゲ ジュセヨ
社長さん！ これください。	社長：사장님 サジャンニム これ：이거 イ ゴ	사장님！이거 주세요. サジャンニム イ ゴ ジュセヨ

イ ゴ ジュ セ ヨ
이거 주세요.
これください。

練習問題

1 正しい文法に丸をつけましょう。

1. チヂミを食べています。 부침개 (을 / 를)(가고 있어요 / 먹고 있어요).

2. 豆腐鍋を食べたいです。
   순두부찌개 (을 / 를)(먹고 싶어요 / 사고 싶어요).

3. これを 3 つください。 이것 (을 / 를)(두 개 / 세 개) 주세요 .

4. キスしてください。 뽀뽀 해 (주새요 / 주세요). (※キス：뽀뽀)

5. 毎日会いたいです。 매일 (보고 싶어요 / 보고 있어요). (※毎日：매일)

> こたえ 1. 를 · 먹고 있어요   2. 를 · 먹고 싶어요   3. 을 · 세 개   4. 주세요   5. 보고 싶어요

2 次の文を韓国語で書いてみましょう。

1. トッポギを 1 つください。

ヒント トッポギ：떡볶이、を：을 / 를、1 つ：하나、ください：주세요

> こたえ 떡볶이를 하나 주세요 .

2. 明日はプルコギを食べたいです。

ヒント 明日：내일、は：은 / 는、プルコギ：불고기、を：을 / 를、
食べる：먹다、〜したい：고 싶다、〜です：아요 / 어요

> こたえ 내일은 불고기를 먹고 싶어요 .

3. 今日は T シャツを買いたいです。

ヒント 今日：오늘、は：은 / 는、T シャツ：티셔츠、を：을 / 를、
買う：사다、〜したい：고 싶다、〜です：아요 / 어요

> こたえ 오늘은 티셔츠를 사고 싶어요 .

3 次の文を韓国語で書いてみましょう。

1. 韓国語の勉強をしています。

ヒント　韓国語：한국、勉強：공부

> [　　　　　　　　　　　　　　　　　　　　　　　　　]

こたえ　한국어 공부를 하고 있습니다 .

2. 海苔巻きを 4 個ください。

ヒント　海苔巻き：김밥、4 個：네 개

> [　　　　　　　　　　　　　　　　　　　　　　　　　]

こたえ　김밥을 네 개 주세요 .

4 音声を聞いて、聞こえた韓国語を書いてみましょう。

1.  音声126

> [　　　　　　　　　　　　　　　　　　　　　　　　　]

こたえ　내일은 명동에 가고 싶어요 .（明日は明洞に行きたいです。）

2. 🔊 音声127

> [　　　　　　　　　　　　　　　　　　　　　　　　　]

こたえ　친구랑 같이 운동하고 싶어요 .（友だちと一緒に運動したいです。）

한 개 두 개…

5 週間分やってみていかがでしたか？

練習問題は少し難しく感じたかもしれませんね。

単語や文法をちゃんと理解しているはずなのに、答えられない問題もあったかと思います。

そう、しっかり韓国語を使いこなせるようになるには、**理解するだけでなく、「覚える」フェーズが大切**です。

ではどうやったら覚えられるのか？

それは、**「何度も復習すること」**です！

復習については、次の STEP9 でくわしくご紹介していきます。

早く覚える必要はまったくありません！

ぜひ自分のペースで、しっかり理解し、覚えられるまで、くり返しやってみてください。

ここでご紹介した単語や文法はほんの一部。韓国語の単語や文法はこの他にもたくさんあります。でも、**基本的な勉強の方法は変わりません。**

単語と文法を覚えて、文をつくる。この順番でどんどん語学力が身についていきます。

ぜひ自分の目標に向かって、レベルアップを目指して勉強を進めてくださいね！

パ イ ティン
파이팅！

ファイト！

復習しよう

▷ **覚えた単語を1週間後も言えるか試してみよう**

せっかく覚えた韓国語の単語や、文法、フレーズ、ちゃんと覚えていたいですよね。そこで大切なのが **「1週間後の復習」** です。

ドイツの心理学者ヘルマン・エビングハウスの実験によると、人は1日後には74%、1週間後には77%、1カ月後には79%の記憶を忘れてしまうそうです。

下の図は **「エビングハウスの忘却曲線」** です。

新しいことを覚えるためにかかった時間と、時間が経過してから同じことを覚えるためにかかった時間を比べて、どのくらい時間を節約できたかを表しています。

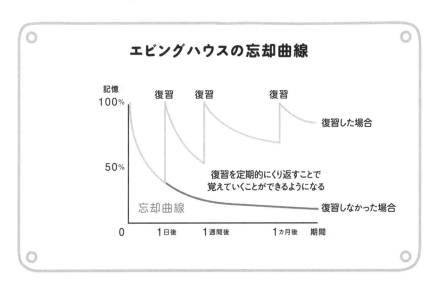

エビングハウスの忘却曲線

記憶
100%
復習　復習　　復習
復習した場合
50%
復習を定期的にくり返すことで
覚えていくことができるようになる
忘却曲線
復習しなかった場合
0　　1日後　　1週間後　　1カ月後　期間

つまり、翌日には約7割忘れてしまうけれど、覚え直すのには初日の7割の時間ですむ、ということ。

　たとえば初日に単語を覚えるのに10分かかった場合、翌日忘れてしまっていても、同じ単語を覚えるのにかかる時間が約7分に節約できる、ということです。

　一方で、昨日勉強して覚えたことも、今日100%覚えられていれば、勉強時間は0分ですむはずです。それなのに約7分もかかってしまったということは、新しく覚えたことをたった1日で7割程度も忘れてしまっているという解釈もできます。

　1カ月間何もしなかったら、はじめて勉強したときと同じぐらい、覚えるのに時間がかかってしまいます。でも、1週間ごとに数分復習するだけで、1カ月後にほぼ覚えていられるようになります。

　つまり、**今日勉強したことを1週間後に復習することが、とても大切なんです！**

　忘れてしまっている部分も多いかもしれませんが、「ここは覚えている！」ということも徐々に増えていきます。

　1週間後に1回は必ず確認する、というルールを決めてやってみてください。

　韓国語の上達が実感できて、どんどん楽しくなっていきますよ！

復習しよう
❶音読の反復練習

▷ 音読が一番の勉強法

　韓国語の勉強で一番大切なのが、**音読の反復練習**です。

　単語や文法を覚えるときに、書くのもいいですが、音読のほうがもっとおすすめです。なぜなら、**音読をくり返すと、同時にハングルも書けるようになる**からです！

　理屈はこうです。韓国語の音をたくさん聞くと、だんだん耳が韓国語に慣れていきます。すると、韓国語の音がわかるようになり、韓国語の音がわかるようになると韓国語の発音が向上します。**耳で聞いた音と似た発音ができるようになる**からです。

　韓国語はひらがなと同様に、1文字＝1音節なので、**韓国語の発音ができるようになると、そのままハングルの文字がわかる**というわけです。

　僕は韓国留学中、文を書くテストを受けるときは、いつもボソボソと少し声を出したり、口を動かしながらハングルを書いていました。韓国語は、口の形でハングルの文字がほぼわかるからです。たとえば、「オンジェイムニッカ？（いつですか？）」と発音を覚えておくと、「オンジェ」の「オ」は口を丸めずに、「ア」の口で「オ」と言ってるから「어」だ！　という感じです（※ただし、「ㅔ」や「ㅐ」といった、発音だけでは判断できず覚えなければ書けない文字も多々あります）。

　書くよりも先に音読。これが本当におすすめです。

ここで紹介する音読の方法は森沢洋介さんの『英語上達完全マップ』（ベレ出版）の音声トレーニング法をもとに、僕が実践した方法です。この方法で聞く力、話す力がどんどん身につきました。ぜひ参考にしてみてください。

▶ 音読に効果的な5つの方法

　音読の練習方法は5つあります。

1つ目は「文を見ながら実際の音を聞いたあとに、同じ文を発音する」です。

🔊)) 音声128

①文を見ながら
　音声を聞く

チョ ヌン キム チ ルー モ ゴィ ッソ ヨ
저는 김치를 먹었어요.

②音声を聞いたあとに
　くり返す

チョ ヌン キム チ ルー モ ゴッ ソ ヨ
저는 김치를 먹었어요.
（私はキムチを食べました）

　音読する内容は、この本を使ってもいいし、他のCDや音声つきの本でもいいです。

　文を見ながら実際の音を聞くことで、文字を読めるようにもなり、「実際の韓国語の発音ってこうなのか〜」と勉強になります。そして自分も同じ文を発音することで、ちゃんと発音できているかどうか自分の耳で確認できます。

　この練習は、1回だけでは終わらせないでください。短い文でいいので10回はくり返してみましょう。1行の文の場合、実際の音を聞いて発音を10回くり返しても、2〜3分ほどで終わるはずです。

「実際の発音を聞いたあとに自分の発音を聞いて、また実際の音を聞く」をくり返すことで、実際の韓国語の発音に近づけられます。何度もくり返し行うことが重要です。

2つ目は「音を聞かずに文を見ながら読む」です。

音声：流さない

音声は聞かずに
文を見ながら読む

チョヌン　キム　チ　ルー　モ　ゴッソ　ヨ
저는 김치를 먹었어요 .

　実際の音を聞いて発音練習し終えたら、次は音を聞かずに音読をしましょう。
　文は見ていいですからね。文や文字を見ながら読むと、文字も覚えられて、発音練習にもなります。
　ここで1つ気をつけてほしいことがあります。**ふりがなはわからないものだけにふるようにしましょう**。読めるようになってきたらふりがなを消しちゃいましょう！
　これもくり返し行うことが大切です。

3つ目は「音を聞いて、文を見ずに読む」です。

①音声を聞く

저는 김치를 먹었어요.

②文字を見ずに同じ発音を
くり返す

チョヌン キム チ ルー モ ゴッッ ソ ヨ
저는 김치를 먹었어요 .

　1つ目で実際に音を聞いて、声に出す練習はしましたが、文や文字を見ながら読んでいましたよね。3つ目は文や文字を見ないでください。1つ目と2つ目の練習を行ったあとでやる音読練習なので、文はある程度覚えているはずです。

　音だけを聞いて、文字を見ずに発音することで、文字の暗記にもつながり、音に集中して練習できるようになります。実際の自分の身に起きている状況をイメージして、感情をこめて言ってみるとなおよしです。

4つ目は「シャドーイング」です。

②すぐあとに続いて読む

チョヌン キム チ ルー モ ゴッッ ソ ヨ
저는 김치를 먹었어요 .

①音声を聞く

저는 김치를 먹었어요.

難しい場合は文字を
見ながらやってもOK！

シャドーイングとは、**実際の音を聞きながら、流れてくる音声のすぐあとを追いかけて読む練習方法**です。

音声で「저는……」と聞こえ始めた1文字後くらいに続けて読みます。シャドーイングは、どの言語を勉強するときにも効果的と言われている、定番の勉強方法です。

はじめは文を見ながら読んでもOK。慣れてきたら、文を隠して、音だけ聞きながらすぐに後ろについて発音しましょう。

僕が韓国留学していたころは、学校で毎日シャドーイングをしていました。

何度も音読練習をすると、口が韓国語を発音することに慣れてくるのか、とっさの返答にも韓国語がすらっと出てくるようになりました。

最後の5つ目は「文を暗記して発音する」です。

最後は文や文字を見ず、音も聞かずに、文を暗記して発音する練習方法です。最初はとても大変ですが、暗記をして発音練習をすると、実際の場面でも言葉が出てくるようになります。

저는 김치를 먹었어요.

音声：流さない

文を暗記して発音

これらは、とてもいい勉強方法です。音読はぜひくり返しやってみてくださいね。

復習しよう
② 実際に話したり、聞いたりしよう

▶ 実践することではじめて、知識が力になる

語学力を身につけるうえで大切なのが、実際に使ったり聞き取ったりしてみることです。

韓国旅行に行ったり、学校に行ったりしなくても、韓国ドラマを見ること、K-POP を聞くことだって実践です。

韓国映画やドラマ、K-POP で言葉が少し聞き取れただけでも、ものすごい成長です。

今までは字幕だけで理解していた言葉を、リアルな韓国語で一部でも理解できる。これがまさしく実践です。

聞くことはできても、発音する場がない、と思っていませんか？

今はアプリやインターネットのサービスが普及しているので、現地の語学学校に行かなくても、ネイティブの人に自分の発音を聞いてもらったりすることもできます。

好きなアイドルや俳優の SNS アカウントに、韓国語でコメントを書きこむことも実践の1つです。

間違えたら恥ずかしいと思うかもしれませんが、大丈夫です。**今韓国語を流暢に話している人でも、たくさん恥ずかしい思いをして韓国語を話せるようになってきています。**はじめから完璧に話せる人はいません。間違えながら話せるようになっていくものです。ちょっと勇気を出して、韓国語を使ってみてください。

今後、韓国に旅行する予定がある人は、飲食店や街中、ホテルなどで韓国語を使える機会がたくさんあるはずです。そのときは勇気をふり絞って、音読したことを思い出しながら、**口を大きめに動かして**話しかけてみてくださいね。

恥ずかしくて勇気が出ずにモゴモゴと口を小さく動かして話してしまうと、せっかく伝わる韓国語を話せるのに、伝わらなくなってしまうこともあります。

堂々と、**「聞き取れないあなたが悪いんじゃないですか?」**くらいの強い気持ちを持って、ぜひ勉強してきた韓国語を使ってみましょう。

僕が韓国語を話せるようになって一番うれしかったことは、韓国の方や韓国語を話せる外国人とコミュニケーションがとれるようになったことです。

韓国語を話せるようになると、今まで知らなかった新しい視点や価値観で物事を見られるようになります。育った環境や国籍も全然ちがうのに、こんなにも似ている価値観の人がいるの!? という方に出会えたりするんです。

次の CHAPTER3 では実際に韓国旅行に行ったら、どんな楽しみ方があるのか、どんなときにどんな韓国語が必要なのかをくわしくご紹介します。韓国旅行に行く前に、ぜひ読んでみてくださいね。

CHAPTER

2

ゼロから韓国語が身につく! 9つのSTEP

韓国語を生活の一部にしよう

　勉強を継続するのに一番いい方法が、**「韓国語を生活の一部にする」**ことです。

　電車に乗っているときに、電子掲示板に駅名が韓国語で表示されていることがありますよね。「八王子は……」「梅田は……」など、少し意識するだけでOKです。

　韓国語の食品パッケージを見て、これなんて読むんだろう？　どういう意味だろう？　と思ったら、実際にネットで調べてみる。これだけでも生活の一部になっています。

　さらに勉強が進んで、韓国語の単語やフレーズを少しずつ覚えてきたら、通勤・通学、買い物にいく移動時間の5分間だけ目に入るものをすべて頭の中で韓国語で思い浮かべる、などのルールを決めるのもいいです。

　空を見たら「하늘（ハヌル）」、子犬を見たら「강아지（カンアジ）」、猫を見たら「고양이（コヤンイ）」、自動車を見たら「자동차（チャドンチャ）」というような形です。

　見たものを韓国語の単語で言うことに慣れてきたら、思ったことを韓国語の文に置き換えてみるのもおすすめです。

　お腹が空いたな〜と思ったら、「배고파〜（ペゴパ）」と頭の中で言ってみたり、ラーメン（라면（ラミョン））が食べたいな〜と思ったら、「라면 먹고 싶다.（ラミョン モッコ シプタ）」と言ったりしてみてください。

　そこでわからない単語やフレーズがあったときは、スマホにメモを残したり、画像に残しておきましょう。あとで調べると、よい勉強になりますよ。

「行ったつもり」で会話力アップ！韓国旅行「妄想」ツアー

旅行は準備が9割！

▶ 旅行に持っていくものをチェック！

　韓国語が少し話せるようになったら、実際に使ってみたくなりますよね。この本で覚えた韓国語などを使って韓国旅行が楽しめるように、**3泊4日で行けるおすすめの韓国旅行プラン**をご紹介します。読んでいるだけで、旅している気分になりますよ！

　ここでは旅行中に役立つ韓国語や、おすすめの観光地を紹介します。
　まだ韓国旅行したことがない人だけでなく、韓国に何度か行ったことはあるけど観光情報をもっと知りたい人にもお役立ち情報満載です！

　まず、韓国旅行に最低限必要な持ち物を紹介します。
　韓国旅行によく行っている人でも、注意したほうがいいポイントがあるので、ぜひチェックしてみてください。

CHECK!!

☑ **旅行に持っていくものをチェック！**

1. パスポート（残存有効期間3カ月以上〜）
2. お金（現金、クレジットカード、現地決済カード）
3. スマートフォン（eSIM、SIMカード、ポケットWiFi）
4. 旅に役立つスマホアプリ
5. 航空券
6. 宿泊先

7 海外旅行保険

8 自分に合う薬（胃腸薬、風邪薬、頭痛薬、湿布など）

9 変換プラグ

10 化粧品類、シャンプー、コンディショナー

11 歯磨きセット

12 トイレに流せるウェットティッシュ

13 折り畳み傘

14 モバイルバッテリー

15 K-ETA（電子渡航許可証）※ 2024 年 12 月 31 日までは不要

CHAPTER

3

「行ったつもり」で会話力アップ！ 韓国旅行「妄想」ツアー

次から 1 つずつ見ていきましょう。

1 パスポートは「残存有効期間が 3 カ月以上」必要！

パスポートは、絶対に必要なのに忘れてしまうことが多いものの 1 つです。旅行に行く前に、必ず旅行カバンの中に入っているかチェックしましょう！

僕はパスポートを絶対に忘れないように、**パスポートケース**に入れて持ち歩いています。パスポートケースは、お金やカードも合わせて入れておけるのでとても便利です。

また、パスポートを持っていたとしても、油断は禁物。**有効期間がいつまでか**、必ず確認しておきましょう。

韓国に渡航するときは、**パスポートの有効期間が残り 3 カ月以上**なければいけません。

「パスポートの残存有効期間が過ぎてしまって、海外旅行に行けなかった」という話題が、よくニュースに取り上げられています。

パスポートを持っているから大丈夫、ではなく、**旅行しようと思ったら、パスポートの有効期間を必ずチェックしておきましょう**。有効期

間は 3 カ月以上残っているけど、けっこうギリギリだな、と思う方は、早めに新しいパスポートに切り替えておくのがおすすめです。パスポートは、残存有効期間が 1 年を切ると、切り替え申請が可能になります。

② いくらぐらい持っていくのがおすすめ？

3 泊 4 日の韓国旅行をする場合、最低でも 5 万円は持っていくといいでしょう。

内訳は、韓国料理を堪能するために 1 食約 1500 〜 2000 円。3 泊 4 日、10 食換算で約 1 万 5000 〜 2 万円程度が必要になります。

そして食べ歩きやコーヒーなどの間食で約 5000 円。観光地の入場料などのアクティビティで約 1 万円。交通費は電車もバスも、韓国は比較的安いのですが、約 5000 円はみておくと安心です。自分へのお土産と友だちへのお土産などのぶんで、約 1 万円と見積もっておくと、合計で約 5 万円です。

3泊4日にかかる費用 (一例)

費目	費用
食費 (1食約1500〜2000円)	約1万5000〜2万円 (10食換算)
間食 (食べ歩き、カフェ)	約5000円
観光地アクティビティ	約1万円
交通費	約5000円
お土産	約1万円
合計	約4万5000〜5万円

5 万円って、けっこうあっというまに使ってしまうんですよね……。
そういうわけで、僕がおすすめする金額は 10 万円です！

最低限の５万円に追加で５万円あると、行動の幅がグッと広がります。雑貨やコスメなどほしいものがあったり、ちょっとリッチなご飯を食べたり、１件目では飲み足りず、２件目、３件目と飲みに行ってしまったりしたときに、この５万円があるとすごく助かります。

プラス５万円は僕の感覚なので、最低限の５万円に加えて、韓国で買いたいもののぶん、プラスして持っていくといいでしょう。

▷ 現地での支払いは現金？ クレジットカード？

現地での買い物は、現金とクレジットカード、あとは現地の決済カード、交通カードなどで支払う方法があります。

韓国はキャッシュレス化が進んでおり、基本的にどこでもクレジットカードが使えるのですが、屋台などカードが使えない場所があるので、現金もある程度持っている必要があります。

両替するときは、日本ではなく、現地の両替所で円から韓国通貨のウォンに替えましょう。日本国内の銀行や空港でも両替できますが、韓国で両替するよりもレートが低めです。また、現地でも空港の両替所はレートが街中の両替所よりも低いので、空港で両替するのは最低限にしましょう。１ウォンは約0.1円なので、日本の1000円で約１万ウォンに両替できます（2024年１月現在）。

現金以外にも、クレジットカードの支払いは便利です。

ただ、クレジットカードは決済時のレートや手数料で、現金よりも多くのお金がかかってしまう場合もあります。

そこで便利なのが、現地の決済＆交通カード「WOWPASS（ワオパス）」や「NAMANE（ナマネ）カード」です。

これらのカードは、韓国国内どこでも決済が可能です。日本の交通系ICカードのSuicaやICOCAのような交通カードの機能もついているので、韓国旅行中は1枚持っておきたいカードです。

　韓国は「**T-money カード**」という交通機関などに使えるカードもあります。移動に使える便利なカードですが、WOWPASSやNAMANEカードはT-moneyの機能をすべて網羅しているうえに、飲食店やショップなどの決済にも使えるので、とてもおすすめです。

　WOWPASSやNAMANEカードは「キオスク（키오스크）」という機械で購入できます。キオスクの場所は、それぞれ専用のアプリをダウンロードすれば場所をかんたんに調べられます。カードを購入したら、まずお金をチャージしましょう。両替したお金（ウォン）をキオスクでチャージできます。

WOWPASSは
1枚持っておくと
便利！

　WOWPASSとNAMANEカードはどちらも便利ですが、**WOWPASSはキオスクで韓国ウォン以外にも日本円や米ドルなどの現金をそのままチャージできたり、すぐに引き出せたりするので、より便利です。**

　そして、アプリとカードの連携も忘れずに行いましょう。WOWPASSやNAMANEカードは、カードの中で決済カードと交通カード（T-money）

の機能が分かれています。アプリと連携しておけば、アプリ上で双方に
お金の移動が可能になります。

　僕は WOWPASS をメインのカードで使い、金額の大きな買い物をす
るときはクレジットカードを使用。屋台などは現金で支払っています。

　もし 10 万円持っていくとしたら、現地でまず 5 万円分両替して、4 万
円分は WOWPASS にチャージ。そのうちの 5000 円分を WOWPASS
のアプリから交通カードにチャージ。残りは現金で持ち歩くのがおすす
めです。足りなくなったら、残りの 5 万円も両替しましょう。

③ スマートフォン（eSIM、SIMカード、ポケットWiFi）は必須！

　旅行中は地図を見たり、写真を撮ったり、言葉がわからなければその
場で翻訳もできたりするので、スマホは持っていくようにしましょう。

　加えて、ネット環境はとても重要です。
　ネットがつながっていないと、地図を見たり、とっさに検索ができな
かったりするので、eSIM や SIM カード、ポケット Wi-Fi のいずれか
を用意しておきましょう。

　SIM カードや eSIM は、持っているスマホの SIM を入れ替えるだけ
でインターネットに接続でき、とても便利です。出国する前にネットで
購入できますが、仁川国際空港でも購入できます。入国してすぐの場
所に韓国の通信会社のカウンターがあり、スタッフの方に設定をお願い
できる商品もあります。SIM カードや eSIM の利用が不安な人は現地
のスタッフにお願いしてみましょう。

※日本語対応可能なスタッフが必ずいるとはかぎらないので注意。スタッフの方は、
　韓国語以外に、英語を話せることが多いです。

方法	メリット	デメリット
eSIM	いつでもどこでも設定でき、すぐにインターネットが利用可能	eSIM が利用できるスマートフォンか確認が必要。SIM ロックがかかっていないか確認が必要 ※最新のスマートフォンなら問題なし。
SIMカード	SIM カードを入れ替えるだけでインターネットが利用可能	物理的なカードの入れ替えが必要。SIM ロックがかかっていないか確認が必要 ※最新のスマートフォンなら問題なし。
ポケットWi-Fi	Wi-Fi に接続するだけでインターネットが利用可能	ポケット Wi-Fi の充電や返却が必要

SIM の入れ替えが面倒な人は、ポケット Wi-Fi がおすすめ！　パスワードを入力するだけで、インターネットが利用できます。

ただ、ポケット Wi-Fi は充電や返却が必要なので、持ち物や手間が少し増えることは念頭においておきましょう。

❹ 渡航前に入れておきたいスマホアプリ

韓国に行く前にスマホにダウンロードしておくと便利なアプリを紹介します。

とくにおすすめなのが「Papago」「NAVER Map」「카카오 T」の 3 つです。

「Papago」は、CHAPTER2 でも少し紹介しましたが、韓国語の翻訳アプリとして翻訳の精度がもっとも高いアプリです。日本語を入力すると、韓国語に翻訳してくれるといった機能はもちろん、相手の話してい

る韓国語を翻訳する機能や、韓国語の文字をカメラで撮るだけで翻訳してくれる機能もついています。韓国旅行の強い味方になること間違いなしです。

「NAVER Map」は、韓国で一番利用されている韓国の地図アプリ。目的地までの行き方を検索できるだけでなく、**「おいしいお店」**という意味の「맛집」と検索すると、評価の高い韓国グルメのお店を教えてくれます。日本語表記に対応しているものの、日本語で検索しても出てこないお店もあるため、韓国語で入力して検索するか、マップの目的地にピンを指して利用するといいでしょう。

「카카오 T」は、韓国のタクシー配車アプリです。出発地から目的地までマップにピンを指して指定するだけで、おおよその料金が事前にわかり、ぼったくられる心配がなくなります。

あとは「一般呼び出し」→「直接決済」を選択して、「呼び出し」ボタンを押すだけ。韓国語で目的地を伝えなくても連れて行ってくれます。

ただ「Kakao Talk」という別アプリも登録する必要があるので、もし手間に感じる方は、「Uber」のアプリを使いましょう。韓国でもタクシー配車が可能で、表記はすべて日本語。日本のクレジットカード払いもできます。

ほかにも、先ほど紹介した WOWPASS や NAMANE カードのアプリも活用すれば、かなり韓国旅行がスムーズになりますよ！

❺ 格安航空券を手に入れるには？

「航空券はいつ買うのがお得ですか？」とよく聞かれるのですが、いつ買えばお得なのかは、10年以上韓国に通っていてもわかりません（笑）。

早めに買っても、旅に行く直前に買っても高いときもあれば安いときもあるんですよね。

安定して格安の航空券を手に入れるのに便利なのが、**「格安航空券の価格を一括で比較検索できるサイト」**です。「スカイスキャナー」や「トラベルコ」、「スカイチケット」などの航空券検索サイトがあります。それらの中から2〜3サイト検索すれば、一番安い航空券を探せます。

　そして、航空会社が直接行っているキャンペーンなどもお得！
　各社キャンペーンは定期的に行われており、キャンペーン時に航空会社のサイトから直接買えます。

　ただ、これから何度も韓国旅行に行こうと思っている方には、同じ航空会社を使い続けることをおすすめします。

　そのつど格安の航空券を買うよりも少し高くなるものの、同じ航空会社を使うことで航空会社の特典を受けられます。
　僕は8年間、同じ航空会社を使い続けているので、預ける荷物の重量を増加できたり、優先的に荷物を受け取れたりする特典を無料で受けています。荷物の重さを気にしなくていいし、誰よりも早く荷物を受け取れます。

　また、今回ご紹介しているのは飛行機利用の場合ですが、大阪や福岡などからは船でも韓国に行けます。サービスがよく、快適に旅ができるので、船で韓国に行くのもおすすめですよ。

❻ どこに泊まるのがおすすめ？

　韓国には通常のホテル以外にも、1000円台から泊まれるゲストハウスやカプセルホテル、民泊の宿泊施設も充実しています。
　韓国にはじめて行く方は、有名観光地近くの1〜2万円程度のホテルに泊まれば安心して韓国旅行を楽しめるはずです。

韓国語をうまく使えるか不安な場合は、日本語でも対応してくれる日系のホテルが一番おすすめです。

　ホテルのスタッフの方がホスピタリティ抜群なことも多く、「旅行会社の一流コーディネーターなのではないか！」と思うぐらいです。おすすめの観光地や飲食店からタクシーの手配、トラブルの対応まで、日本語で助けてくれます。

　宿泊先を決めたら、宿泊先名と住所、電話番号をメモしておきましょう。韓国に入国するとき、入国カードもしくはK-ETA（電子渡航認証）に宿泊先の住所や電話番号の記入・入力が必要なので、メモで持っておくと便利です。

7 海外旅行保険に加入しよう

　旅行中にキャリーバッグが壊れてしまった、体調を崩して病院に行くことになった、など予期せぬハプニングに備えて、海外旅行保険に入っておくと安心です。

　旅行の期間中だけ保証してくれる保険や、クレジットカードに付帯されている海外旅行保険などもあります。自分の持っているクレジットカードで海外旅行保険も利用できるのか、確認しておきましょう。

8 体調を崩したときのために、薬を持っていこう

　旅行中に体調を崩してしまったとき、現地で処方されたり、薬局で購入したりした薬が自分に合わないこともあります。

　胃腸薬、風邪薬、頭痛薬、湿布など、ふだんから使っている薬を事前に用意しておくと役立ちます。

⑨ 変換プラグがないと充電できない!?

　韓国は日本とコンセントの形状が異なるので、スマートフォンの充電器を使おうとしても、そのままでは利用できません。日本の充電器を、韓国のコンセントで使えるように「変換プラグ」を使いましょう。

　韓国のコンセントプラグの形状は、**「C タイプ」**と**「SE タイプ」**が利用できます。変換プラグはネットショップや家電ショップ、総合ディスカウントストアで購入可能。100 円ショップでも取り扱っている場合があります。

　変換プラグは 1 つだけでなく、数個持っておくと、複数の電気機器が一度に使用できるので便利です。また、複数のコンセントが使える電源タップも 1 つ用意しておくのもいいですね。

　ここで注意したほうがいいことがあります。

　日本の電圧は 100V ですが、韓国の電圧は 220V です。そのため、日本の電圧しか対応していない機器を韓国のコンセントに挿して利用すると、故障したり、最悪の場合、火災の原因になったりします。

　日本の家電機器や充電器には「INPUT（入力）100V-240V」など、電圧の記載があります。**220V まで対応しているか、必ず確認してから使用するようにしましょう。**

　またヘアアイロンなど、消費電力が高い機器を利用するときも注意が必要です。

　日本でもエアコンや電子レンジ、ヘアドライヤーといった消費電力が高い機器を同時に複数台使うとヒューズが飛ぶことがありますよね。これは配線が燃えて火事にならないように、電流が流れなくなるしくみになっているのです。

韓国でも消費電力の高い機器を一度に使うと火災の原因になります。使用する機器のワット数（消費電力）が高いものを使用するときは、他の機器を使用しないなど注意して利用しましょう。

少し怖くなるような話をしてしまいましたが、僕の YouTube 動画を見てくださっている方の中にも、韓国旅行中に電気トラブルにあった方がいました。

僕は電気工事士第 2 種の国家資格保持者で、3 年間電気保全の仕事をした経験から、電気は本当に気をつけたほうがいいと感じています。変換プラグや電気についても十分に注意して、旅行を楽しんでくださいね。

⑩ 化粧品類など液体類には持ちこみ制限がある

化粧水や乳液、日焼け止め、シャンプーやコンディショナーなどは、旅行に必要なぶんを持っていくようにしましょう。

ただしここで注意！　液体類は空港によって、機内持ちこみの制限があります。たとえば、

● 容器 1 つあたりそれぞれ 100ml 以下
● それらをまとめて 1L 以下のジッパーつき透明プラスチック製袋に入れること※

　※成田国際空港は縦 20cm 以下×横 20cm 以下、仁川国際空港は 20.5cm × 20.5cm/15cm × 25cm と指定（2024 年 1 月現在）。

などの条件が各空港で決められています。

液体類を持ちこむ際は、利用する空港や航空会社のホームページを見て確認するようにしましょう。もし制限を超えてしまう場合は、機内持ちこみではなく預け荷物に入れましょう。

シャンプーやコンディショナーは、たいていホテルに備えつけのものがあります。しかし、国内のホテルの場合と同様に、けっこう品質に差があるので、自分に合ったものがあれば日本から持参するのがおすすめです。ただ荷物にもなるので、気にならない人は、ホテル備えつけのものを使用しましょう。

⑪ 歯磨きセットを持っていこう

韓国の法律（資源リサイクル法）によって、ホテルでは歯ブラシなどの使い捨て品が提供されなくなる予定です（2024年から、客室が50部屋以上ある宿泊施設に適用される法律）。

これから韓国旅行をする場合は、自分で歯ブラシを用意していきましょう。歯ブラシは日本から持っていくか、韓国のコンビニなどで購入できます。

⑫ トイレに流せるウェットティッシュを持っていくと便利！

はじめての韓国旅行で、一番衝撃を受けることが多いのが「**トイレ**」です。韓国のトイレは、使用済みのトイレットペーパーを流せないところが多くあります。トイレットペーパーが流せない場合は、トイレの横に大きなゴミ箱が用意されていて、そこに使用済みのトイレットペーパーを捨てるようになっています[※]。

※韓国でもトイレットペーパーを流せるトイレが増えつつあり、流せる場合はゴミ箱自体が撤去されています。

また、温水洗浄便座つきトイレの設置率も高くないため、お尻を洗えない場合が多いです。そこで便利なのが、「**トイレに流せるウェットティッシュ**」。使用したらそのままトイレに流せます。

また、食事などで手が汚れてしまったときや、テーブルやイスが汚れていたときなどにも使えます。旅行中にとても重宝するので、ぜひ持ち物に加えましょう。

⓭ 折り畳み傘があると便利!

　旅行中に困るのが突然の雨です。

　もちろん韓国でも傘はコンビニ等で気軽に購入できます。ただし、現地で大きな傘を買うと、空港で捨てるにも捨てられないので日本に持ち帰るしかなく、荷物になって大変です。

　折り畳み傘なら荷物にもならず、気軽に持ち運べて、雨が降ってもすぐに使えます。旅行には折り畳み傘を持っていきましょう。

⓮ モバイルバッテリーがあれば、長時間移動も安心

　僕はYouTubeのライブ配信などを行っているので、スマートフォンを充電するためにモバイルバッテリーの持参は必須。一般の韓国旅行者も、モバイルバッテリーを持っていくことが多いようです。移動の時間が長かったりして、すぐに宿に帰って充電できないこともありますからね。

　旅行中に充電が切れてしまうと、地図や翻訳アプリも使えなくなってしまうので、充電対策は必須です。韓国ではカフェでコンセントが使えるのが一般的なので、モバイルバッテリーがない場合は、充電器を持ち運び、いざとなったらカフェで休憩しながら充電しましょう。

⑮ K-ETA（電子渡航許可証）※2024年12月31日までは不要

　韓国旅行へ行くためには、K-ETA（電子渡航許可証）の申請が必要です。ただし、日本をふくむ22カ国は2023年4月1日〜2024年12月31日まで、観光産業活性化対策の一環としてK-ETAの適用が一時免除されています。その期間はK-ETAの申請は必要なく、入国の際に紙の入国カードを記入するだけで韓国に入国できます。

　2025年以降に韓国旅行をする方は、K-ETAの公式サイトから申請して、韓国旅行前に必ず許可を得ておきましょう。パスポートが変わった場合でも、K-ETAは再度申請が必要になります。パスポートの更新が近い方はパスポートの更新を済ませたあとに、K-ETAを申請するとよいでしょう。

　いかがでしたか？

　ここで紹介したもの以外にも、着替えの服や下着やコンタクトといった、いつも旅行に持っていくものを忘れないようにしましょう。

　準備ができたら、いよいよ韓国旅行に出発です！

> **POINT**
>
> **旅行に行く前に忘れ物がないか必ずチェックしよう！**

DAY 1-1

韓国へ出発しよう！

▷ 成田国際空港から仁川国際空港へ

　さぁ荷物の準備ができましたね。韓国旅行の荷物の準備は前日までに確認、当日もパスポートやお金など、必要最低限の荷物を持ったか確認して、いざ空港へ出発しましょう。

　ここから、はじめて韓国旅行に行く方におすすめの、観光もグルメも満喫できる**「3泊4日ソウル王道コース」**をご紹介します。

　日本から、韓国・**仁川国際空港**に向かいましょう。

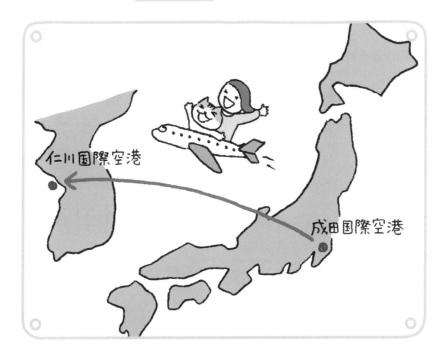

仁川国際空港

成田国際空港

韓国の仁川国際空港には、日本国内からは、新千歳空港、中部国際空港、成田国際空港、羽田国際空港や関西国際空港など、約20カ所以上の空港から行けます。ここでは成田国際空港から出国するケースをご紹介します。

▷空港には出発何時間前に到着しているといい？

　出国する日は、**出発の2時間30分前**に空港に到着しておくのが安心です。
　空港に到着してからのかんたんな流れは次のとおりです。
　まず、航空会社や旅行会社のカウンターでチェックイン※（搭乗手続き）、荷物を預け入れ、保安検査場では手荷物や持っているものに危険なものがないかチェックを受けます。そのあと、税関審査、出国審査を経て、搭乗ゲートを通過してから、飛行機に搭乗します。
※オンラインですでにチェックインしている場合は、空港での搭乗手続きは不要。

日本出国の流れ

空港到着 ⇨ チェックイン ⇨ 保安検査 ⇨ 税関審査 ⇨ 出国審査 ⇨ 搭乗ゲート ⇨ 飛行機に搭乗

航空会社によってチェックイン開始時間は異なりますが、早いところで出国の 2 時間 30 分前から、遅いところでも 2 時間前からチェックインが開始されます。多くの場合は、出国 1 時間前にチェックインの受付が締め切られてしまいます。

　チェックイン時は長い行列ができて、手続きを終えるのにも時間がかかります。保安検査や出国審査も、通常は 15 分程度で終わるところが、混み具合によっては倍以上の時間がかかる場合があります。

　空港で飛行機に乗りこむ前の「搭乗ゲート（搭乗口）」には、30 分前にお越しください、と言われることが多いです。出国手続きを考えると、出国の 1 時間 30 分前に空港に到着すると、ギリギリ間に合うかどうかでしょう。

　「トイレに行きたい」「買い忘れたものがある」など、突発的なことに慌てないよう、少し余裕を持って出国の 2 時間 30 分前に到着するのがおすすめです。

　無事チェックインをすませたあとは、保安検査・出国審査をして免税店を散策しましょう。必要なものがあればここで買ったり、韓国で会う友だちがいたらお土産を買ったりするのもいいですね。

　また、ここで日本のお菓子などを買っておくと、韓国旅行中にお世話になった人に感謝の気持ちを伝えるいいプレゼントになります。

　成田国際空港から韓国・仁川国際空港までは約 2 時間 30 分程度のフライト時間で到着します。

▶仁川国際空港に到着！

　仁川国際空港に到着後、入国審査、荷物の受け取りなど、到着ロビーに出るまでにかかる時間は早ければ 30 分程度です。混雑具合によっては、入国審査の順番待ちで 1 時間以上かかる場合もあるので、入国後の予定は余裕を持って計画しておきましょう。

　入国するときは、2024 年 12 月 31 日までは入国カードを記入するだけで OK です。

韓国入国の流れ

空港到着 ➡ 検疫 ➡ 入国審査 ➡ 受け取り手荷物 ➡ 税関申告 ➡ 到着ロビー

　先ほども説明しましたが、**2025 年からは「K-ETA（電子渡航許可証）」が必要になる予定**です。2025 年以降に韓国旅行へ行く方は、必ず事前に K-ETA を申請しておきましょう。

　税関の申告については、2023 年 5 月から**申告の必要のある方のみ書類を提出**するようになりました。税関に申告するものがない人は、何も提出せずに韓国に入国できます。

　日本から韓国へ就航している航空会社は、日本語対応が可能なスタッフもいることが多いです。また、入国審査などの際も韓国語を話さなくても、入国カードや K-ETA の情報に問題がなければ入国できます。

　空港のスタッフの方に自分が日本人だとわかってもらえれば、日本語で対応してもらえるかもしれません。

　自分が日本人であることと、日本語でも大丈夫か確認するフレーズを

覚えておくと、韓国旅行中に役に立ちますよ。

飛行機内や韓国入国の際に使える韓国語

日本語大丈夫ですか?	^{イルボノ クェンチャナ ヨ} 일본어 괜찮아요?
私は日本人です。	^{チョヌン イルボン サラミ エ ヨ} 저는 일본 사람이에요.
水をください。	^{ムル ジョム ジュ セ ヨ} 물 좀 주세요.
ボールペンを貸していただけますか?	^{ボルペン ジョム ビルリョジュ シ ゲッソ ヨ} 볼펜 좀 빌려주시겠어요?
トイレはどこですか?	^{ファジャシルン オディ エ ヨ} 화장실은 어디예요?

POINT

時間のゆとりが心のゆとりにもつながる。少し時間に余裕を持って行動しよう

DAY 1-2

仁川国際空港から ソウル市内のホテルへ

▶ 観光旅行の王道コースなら、ホテルは明洞

　入国後、宿泊するホテルに向かいましょう。ここでは、ソウル繁華街にある明洞のホテルに宿泊するケースでご紹介します。

　明洞には快適なホテルがたくさんあり、1泊1万円以上で日本語対応のあるホテルならどのホテルでもおすすめです。日本企業が運営しているホテルもたくさんあるので、心配な方はそういったホテルに宿泊しましょう。

　明洞は、他のエリアを観光するときにも移動がとても便利な位置にあります。立地の面からしても、明洞エリアのホテルがおすすめです。

仁川国際空港から明洞エリアへのアクセスマップ

漢江

明洞駅

金浦国際空港　ソウル駅

江南駅

仁川国際空港

仁川国際空港から明洞エリアまで行くには、電車、リムジンバス、タクシーなどの方法があります。この中で一番費用を抑えられるのは、「空港鉄道 A'REX※」を使ってソウル駅まで行き、ソウル駅から地下鉄で乗り継いで明洞駅に行くパターンです。

※「A'REX」とは、Airport Railroad Express の略称で「アレックス」や「エーレックス」と呼ばれています。

　空港鉄道 A'REX は、各駅停車の**「一般列車」**と、仁川国際空港からソウル駅までノンストップで行ける**「直通列車」**があります。

　一般列車を使った場合の費用が一番安く、仁川国際空港第 1 ターミナルから明洞駅まで 4450 ウォン[1]（空港鉄道 A'REX4450 ウォン＋ソウル地下鉄は乗換割引で 0 ウォン[2]）。

　仁川国際空港第 2 ターミナルからだと、5050 ウォン（空港鉄道 A'REX5050 ウォン＋ソウル地下鉄は乗換割引で 0 ウォン[2]）です。一般列車を使うと、仁川国際空港から明洞まで、約 1 時間 20 分程度で到着します。

　直通列車の場合、地下鉄と合わせると明洞駅まで 1 万 2400 ウォン[1]（空港鉄道 A'REX 直通列車 1 万 1000 ウォン＋ソウル地下鉄 1400 ウォン）です。費用は一般列車の場合よりもやや高いですが、一般列車よりも 20 分早く、約 1 時間で明洞駅に到着できます。

※ 1 金額は 2024 年 1 月時点。
※ 2 交通カード（T-money）を利用すると、乗換割引が適用されます。

　仁川国際空港のロビーから空港鉄道 A'REX の乗り場へは、1 階の到着ロビーから地下 1 階に移動します。「공항철도（空港鉄道）」という電車のマークがついた案内が見えるので、その目標を頼りにまっすぐ進むと空港鉄道の改札に到着します。

　一般列車専用の改札は青色、直通列車専用の改札はオレンジ色です。ロビーから徒歩 5 分程度で行けます。

一般列車改札（青色）

直通列車改札（オレンジ色）

荷物の持ち歩きが面倒なら リムジンバス、タクシーを使おう

　空港鉄道 A'REX はソウル駅で乗り換えが必要なため、大きなスーツケースを持ち歩くのは少し大変です。

　もう少しラクに行きたい方は、リムジンバスを利用する方法もあります。費用は 1 万 7000 〜 1 万 8000 ウォン※で、約 1 時間 10 分で明洞まで行けます。

　乗り換えの必要もなく、荷物を持ち運ぶ必要もないのでラクです。

　ただ、交通状況に左右される場合があり、到着まで 1 時間半以上かかることもあります。

　リムジンバスの停留所は仁川国際空港第 1 ターミナルの到着ロビー 1 階の外に出てすぐのところにあり、明洞駅まで行けるバスもあります。乗車券は売り場の受付で購入するか、発券機で購入しましょう。

　仁川国際空港第 2 ターミナルのソウル行きのリムジンバスの停留所は、空港鉄道と同じ地下 1 階にあります。

　タクシーも移動に大変便利ですが、費用は約 8 万ウォン※かかります。空港鉄道やリムジンバスよりもだいぶ高いのでご注意を。

※金額は 2024 年 1 月時点。

タクシーの場合、1時間程度で明洞まで行けますが、リムジンバス同様、交通状況に左右されるので、道が混雑している際はさらに時間がかかる場合もあります。17時から19時、現地の会社員の退勤時間にリムジンバスやタクシーを利用する場合は、到着時間が遅れることは覚悟して、ゆとりのあるスケジュールを組んでおきましょう。

▷ 交通料金の支払い方

　現金で交通料金を支払うには、日本円からウォンへの両替が必要です。空港での両替はレートがよくないので、もし空港で両替する場合は、料金に必要な分くらいの小額の両替だけにしましょう。

　また、**両替しないですませる方法**もあります。
　空港鉄道A'REXの直通列車のチケットは、事前にインターネット（Klookやコネストなど）で購入できます。
　また、列車やバスは、先ほどご紹介したWOWPASSやNAMANEカードも使えます。直通列車の改札内にはこれらのカードが発行できるキオスクが設置されているので、そこでカードをつくりましょう。
　どちらのカードも、クレジットカードからチャージできます。

　リムジンバスも、乗車券はインターネットで事前に購入可能です。バス乗り場にある乗車券売り場では、クレジットカードで支払いできます。この場合も、現金を使わずに明洞まで行けます。

　道に迷ったら、思いきって現地の人に道をたずねてみましょう。やさしい人が多いのできっと助けてもらえるはずです。

仁川国際空港からソウル市内への移動で使える韓国語 🔊 音声131

ソウルに行きたいのですが。	<ruby>서울<rt>ソウレ</rt></ruby> <ruby>에<rt>カゴ</rt></ruby> <ruby>가고<rt></rt></ruby> <ruby>싶은데요<rt>シップンデヨ</rt></ruby>.
明洞までどうやって行きますか？	<ruby>명동까지<rt>ミョンドッカジ</rt></ruby> <ruby>어떻게<rt>オットケ</rt></ruby> <ruby>가요<rt>カヨ</rt></ruby>?
バスはどこですか？	<ruby>버스는<rt>ボスヌン</rt></ruby> <ruby>어디예요<rt>オディエヨ</rt></ruby>?
地下鉄はどこですか？	<ruby>지하철은<rt>チハチョルン</rt></ruby> <ruby>어디예요<rt>オディエヨ</rt></ruby>?
タクシー乗り場はどこですか？	<ruby>택시<rt>テクシ</rt></ruby> <ruby>타는<rt>タヌン</rt></ruby> <ruby>곳은<rt>ゴスン</rt></ruby> <ruby>어디예요<rt>オディエヨ</rt></ruby>?

POINT
仁川国際空港から明洞までは電車、リムジンバス、タクシーなどの方法で行ける。一番都合のいい方法で移動しよう

明洞のホテルに到着。
観光にくりだそう！

▶ ホテルにチェックイン。明洞観光スタート！

　明洞のホテルに到着したら、チェックインをすませましょう。チェックイン時間の前にホテルに到着してしまった場合でも、荷物を受付に預けられます。ホテルに荷物を預けて、明洞の街にくりだしましょう。

ホテルで使える韓国語　　　　　　　　　　🔊 音声132

チェックインをしたいのですが。	_{チェク イ ナ ゴ シップン デ ヨ} 체크인하고 싶은데요.
日本語ができる方はいますか？	_{イル ボ ノ ハ シ ヌン ブ ニ イッソ ヨ} 일본어 하시는 분이 있어요?
Wi-Fiはありますか？	_{ワ イ パ イ イッソ ヨ} 와이파이 있어요?
荷物を預けることはできますか？	_{チ ム ル マッキル ス イッソ ヨ} 짐을 맡길 수 있어요?

1日目の観光マップ

▶ どこで両替するのがおすすめ？

観光に行く前に、まず両替をしましょう。

レートのいい両替所で現金を両替すると、クレジットカードで支払うよりも断然お得です。明洞のエリアにある、手数料が無料で、レートのいい公認両替所（政府公認の両替所）で現金を両替しましょう。

レートがいいと有名な公認両替所は中国大使館前にありますが、場所がわからない場合は、見つけた公認両替所で両替しましょう。

明洞ではいたるところに両替所がありますが、中には認可を受けていない違法両替所もあります。金額をごまかされたり、偽札に交換されたりするなど、トラブルがあるので気をつけてくださいね。

明洞エリアの両替所のレートの差は5円くらいありますが、5万円の両替で5円のレートの差は約250円です。**レートのよい両替所を探すのに時間を使うよりも、韓国旅行を楽しむ時間に使いましょう。**

ソウル市内の両替所

両替で使える韓国語

🔊 音声133

両替してください。	ファンジョネ ジュセヨ 환전해 주세요.
5万円です。	オ マ ネ ニ エ ヨ 5만엔이에요.
1万円だけ両替してください。	マ ネンマン ファンジョネ ジュセヨ 1만 엔만 환전해 주세요.※

※1万円や1万ウォンの数字の「1（일）」は読みません。「1만」と書いて、「만」だけ読みます。2万や3万の場合は、「2万（이만）」「3万（삼만）」と数字も入れます。

明洞エリアは日本語が通じる両替所もあり、韓国語を話さなくても日本円を提示するだけで両替してくれます。

　また、両替所だけでなく、韓国の主要銀行でも両替でき、地下鉄の駅には自動外貨両替機がある場所もあります。

　両替したあとは、持ち物でも紹介した WOWPASS や NAMANE カードといった現地の決済 & 交通カードにチャージをしましょう。

　これらのカードは決済機能と交通カード機能のチャージする部分が分かれているので、それぞれチャージが必要です。

　決済側にチャージする場合は、専用の機械（キオスク端末）でチャージします。

　明洞では地下鉄や近辺のホテルなどに設置してあるので、アプリで場所を確認してみましょう。

　交通側へのチャージは、地下鉄の乗車券発券機でチャージする方法か、コンビニでカードを提示して**「チャージしてください（충전해 주세요.）」**と言って、必要な金額分をチャージしましょう。

　決済側、交通側、どちらにチャージしてもアプリ上で移動が可能です。便利なほうでチャージして観光に出かけましょう。

　少し面倒だと思った方は、WOWPASS の機械（キオスク端末）で日本円をそのままチャージしたり、アプリからクレジットカードでチャージもできます。

　WOWPASS や NAMANE カードがあれば、両替を気にせずにすみ、支払いもとてもラクです。

コンビニで交通カードにチャージするときに使える韓国語 🔊 音声134

チャージしてください。	チュンジョネ ジュセ ヨ 충전해 주세요.
5万ウォンチャージしてください。	オ マ ノォン チュンジョ ネ ジュセ ヨ 5만 원 충전해 주세요.

▶ 韓国最大の有名観光地、明洞を堪能しよう！

　韓国の有名観光地といったら、やっぱり明洞！　ショッピングも楽しめて、有名な韓国グルメもたくさんあります。屋台で食べ歩きもでき、美容エステやマッサージ店も充実しています。韓国の雰囲気を味わえるので、ゆっくり観光してみてください。

　お土産によさそうなものなど、観光がてら下調べしておくと、帰る前のお土産に迷わなくてすみますよ。

いつもにぎわっている明洞

　そして、お腹がすいたら、ぜひ人気店の**「明洞餃子 本店（명동교자本점」**に食べにいってみてください。僕が親や友だちと来たときに、必ず連れていくお店です。

おいしいカルグクスがおすすめ
明洞餃子 本店

交通
地下鉄 4 号線明洞駅 8
番出口から徒歩 3 分

住所
ソウル特別市 中区 明洞
10 キル 29 （서울특별시
중구 명동 10 길 29）

　おすすめのメニューは肉汁たっぷりの餃子、そして韓国の麺料理**「カ
ルグクス（칼국수）」**です。カルグクスは「韓国風うどん」とも呼ばれて
おり、濃厚なスープにきしめんのような麺がからんで絶品です！　この
お店のキムチもおいしいのですが、味つけがとても辛いので、辛いもの
が苦手な方は気をつけましょう。

飲食店で使える韓国語

🔊 **音声135**

2名です。	_{トゥミョン イ エ ヨ} **2명이에요.**
ここです（店員を呼びたいときに）。	_{ヨ ギ ヨ} **여기요.**
これを1つください。	_{イ ゴ ハ ナ ジュセ ヨ} **이거 하나 주세요.**
お会計お願いします。	_{ケ サ ネ ジュセ ヨ} **계산해 주세요.**
ありがとうございます。	_{カ ム サ ハ ム ニ ダ} **감사합니다.**

食べるだけではなく、劇などのエンタメを楽しみたい人におすすめなのが、ノンバーバルエンターテインメントショーの**「NANTA」**です。

ほとんどセリフがないため、韓国語がわからない方でも楽しめます。圧倒的なアクロバット技や武術のパフォーマンス、音楽と料理が融合した笑いあり、涙あり、感動ありのショーはぜひ見ていただきたいです。観光客に大人気で、いつも満席です。僕も何度も見たのに、いつも笑って泣いて楽しませてもらっています。

▶夜は「Nソウルタワー」へ

そして、夜はソウルのシンボルでもある**「N ソウルタワー」**に登りましょう。

夜景がとてもきれいで、ソウルの街を一望できます。ソウルに来たら絶対一度は登りたいスポットなので、Nソウルタワーは必ずスケジュールに入れておきましょう。

ソウルの絶景を堪能
Nソウルタワー

交通
地下鉄4号線明洞駅3番出口から徒歩10分。
ケーブルカーに乗り約3分で到着

住所
ソウル特別市 龍山区 南山公園キル 105（서울특별시 용산구 남산공원길 105）

Ｎソウルタワーは、「南山（남산）」という山の上にあります。

標高262mなので、そこまで高くありません。ふもとからちょっと遠いですが、歩いて行くこともできます（徒歩40分）。そして頂上付近、Ｎソウルタワーまでバス（明洞駅近くから乗れる循環バス）でも行けます。

バスは交通カード（WOWPASS、NAMANEカード、T-money）をかざして乗り降りできるので、とても便利です。

ただ、バスを間違えると目的地とはまったくちがうところに行ってしまう可能性があるので、個人的に韓国旅行初心者の方にはバスはあまりおすすめしません。

一番確実かつ楽しめるのが、ケーブルカーに乗って頂上まで行く方法です。

明洞駅からケーブルカー乗り場まで、徒歩で10分程度。ケーブルカーに乗れば、Ｎソウルタワーのふもとまで行けます。

Ｎソウルタワーの展望台に上がって、ソウルのきれいな夜景を見てみてください。時間が経つのも忘れてしまうくらい、見惚れてしまいますよ。

Ｎソウルタワー付近の夜景

アクティビティで使える韓国語　◀)) 音声136

Nソウルタワーはどこですか?	_{エンソウルタウォヌン オディエ ヨ} N서울타워는 어디예요?
大人2名、子どもが1名です。	_{オ ルン トゥミョン アイ ガ ハンミョンイ エ ヨ} 어른 2명, 아이가 1명이에요.
チケットを買いたいのですが。	_{ティ ケスル サ ゴ シップンデ ヨ} 티켓을 사고 싶은데요.
おもしろかったです。	_{チェ ミ イッソッソ ヨ} 재미있었어요.
景色が美しかったです。	_{キョンチ ガ アルム ダ ウォッソ ヨ} 경치가 아름다웠어요.

　観光を終えたらホテルに帰ってゆっくり休みましょう。

　日本からの移動で疲れているでしょうし、2日目、3日目はたくさん歩きますからね！　体力を温存しておくのも大事なので、早めに休むといいですね。

POINT

Nソウルタワーの展望台から見える絶景は必見！
活気のある明洞を朝から夜まで堪能しよう

COLUMN

旅行中に
トイレに行きたくなったら?

　韓国旅行で困ることの1つに「トイレの利用」があります。

　日本ではコンビニに行けば、トイレを使わせてもらえることが多いですが、**韓国のコンビニでは基本的にトイレが使えません。**

　そこでおすすめなのが、地下鉄の駅のトイレです。地下鉄にはトイレがある!　と思っておけば間違いなしです。まれにトイレットペーパーが個室になく、トイレの入り口などに設置されている場合があるので気をつけましょう。

　また、百貨店では日本と同じようにトイレが利用できます。ほかにカフェのトイレもおすすめなのですが、**カフェのトイレは鍵がかかっていることが多く、カフェの利用者以外は使用できません。**カフェで飲み物を注文して、トイレの場所や暗証番号を聞きましょう。トイレの場所がわからない場合は**「トイレはどこですか?（화장실은 어디예요?）」**、暗証番号がわからない場合は**「トイ**
_{ファジャンシルン オディエ ヨ}
レの暗証番号はなんですか?（화장실 비밀번호가 뭐예요?）」と言え
_{ファジャンシル ビ ミルボノ ガ モォエ ヨ}
ば教えてくれます。

　トイレの暗証番号はレシートに書いてあったり、カフェの壁に記載されていたりする場合もあります。

　トイレの場所を探したいときは、韓国の地図アプリ「NAVER Map」で検索する方法があります。「화장실」と検索すると利用
_{ファジャンシル}
可能なトイレの場所をマップ上に表示してくれます。現在地から一番近いトイレを見つけることができるので、旅行中にトイレに困ったときは検索してみましょう。

DAY 2 韓国の伝統や歴史を満喫しよう

▷ 明洞の人気店で朝ごはん！

　朝ごはんはホテルの朝食もいいですが、せっかくなら韓国の街中で食べてみるのはいかがですか？　おすすめは明洞にある「Isaac Toast」（イサック トースト）です。韓国の有名なトーストチェーン店で、明洞の店舗は朝から長蛇の列ができるくらい人気のお店です。ハムやチーズがたっぷり入ったトーストを食べて、2日目の朝をスタートしましょう。

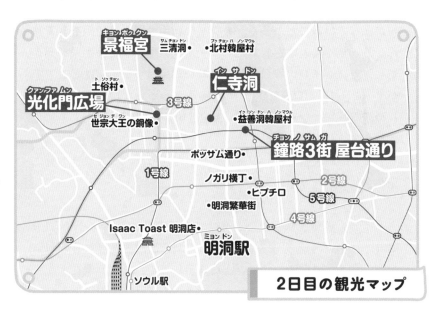

2日目の観光マップ

韓国で900店舗展開する
大人気トーストチェーン店
Isaac Toast 明洞店

交通
地下鉄4号線明洞駅5
番出口 徒歩1分

住所
ソウル特別市 中区 退渓路 105 (서
울특별시 중구 퇴계로 105)

▷ 昔ながらの韓国を味わえる仁寺洞を観光

　朝食を食べたら、ソウルを代表する定番の観光スポット「仁寺洞（インサドン）」に行きましょう。仁寺洞は都会にありながら、韓国の昔の面影を感じられる、伝統的な街並みを見ることができます。伝統工芸品やお土産屋さんも充実していて、観光客に大人気の観光スポットです。

伝統的な街並みと
伝統工芸品を堪能できる街
仁寺洞

交通
地下鉄3号線安国駅（アングク）から
徒歩1分。明洞駅からバ
スで約20分。タクシーで
15分。明洞駅から徒歩20
～30分

明洞から仁寺洞までは、徒歩でも 20 〜 30 分程度で行ける距離です。地下鉄やバスも使えますが、地下鉄の乗り換えやバスの乗り降りが不安な方は、タクシーで移動しましょう。タクシー料金は年々上がってはいるものの、まだまだ日本のタクシーよりも安く利用できるため、韓国旅行には大変便利な移動手段です。時間も節約できます。

タクシーで使える韓国語　🔊 音声138

仁寺洞に行ってください。	インサドンエ　カ　ジュセヨ **인사동에 가 주세요.**
(地図を指しながら)ここに行ってください。	ヨギロ　カ　ジュセヨ **여기로 가 주세요.**
どのくらいかかりますか?	オルマ　ナ　コルリルッカヨ **얼마나 걸릴까요?**
ここで降ります。	ヨ　ギ　ソ　ネリルケ　ヨ **여기서 내릴게요.**

　ショッピングや飲食店、タクシーで会計するときに必ずしてほしいことがあります。それは、レシートをもらうこと!

　とくに飲食店などの場合は、店員さんがぼったくるつもりはなくても、計算間違えをしてしまうことがあります。いくら支払ったか、何がいくらだったのか確認するためにも、会計のときは**「レシートをください (영수증 주세요 .)」** と言うようにしましょう。
ヨンスジュンジュセ　ヨ

　仁寺洞グルメのおすすめは**「韓国の伝統茶」**です。韓国の伝統的な建物「韓屋 (한옥)」スタイルのカフェがたくさんあり、そこで韓国の伝統的なお茶やお菓子を食べて優雅な時間を過ごすのが最高です!
ハノク

　僕は、「五味子茶 (오미자차)」という 5 つの味 (酸味・苦味・甘味・辛味・塩味) がするお茶が大好きで、伝統的なお茶屋さんに入ったら絶対に注文します。
オミジャチャ

五味子茶

カフェで使える韓国語

🔊 音声139

カフェラテ2杯ください。	カ ペ ラッテ トゥ ジャン ジュ セ ヨ 카페라떼 두 잔 주세요.
ホットでください。	ッタットゥッタン ゴル ロ ジュ セ ヨ 따뜻한 걸로 주세요.
アイスでください。	ア イ ス ロ ジュ セ ヨ 아이스로 주세요.
グランデサイズでください。	クランデ サイズ ロ ジュ セ ヨ 그란데 사이즈로 주세요. [※1]
紙コップでください。	チョン イ コ プ ロ ジュ セ ヨ 종이컵으로 주세요.
レシートをください。	ヨン ス ジュン ジュ セ ヨ 영수증 주세요.

カフェでの会話例

🔊 音声140

店員	ご注文されますか？	チュム ナ シ ゲッソ ヨ 주문하시겠어요?
客	アメリカーノを1つください。	ア メ リ カ ノ ハ ナ ジュ セ ヨ 아메리카노 하나 주세요.
店員	温かいものにしますか？	ッタットゥッタン ゴル ロ トゥ リル ッカ ヨ 따뜻한 걸로 드릴까요?
客	アイスでください。	ア イ ス ロ ジュ セ ヨ 아이스로 주세요.
店員	サイズはどれになさいますか？	サイズ ヌン オットン ゴ ス ロ ハ シ ゲッソ ヨ 사이즈는 어떤 것으로 하시겠어요?
客	ラージでください。	ラ ジ ロ ジュ セ ヨ 라지로 주세요.

店員	店内でお召し上がりですか？	ドゥシゴ カセヨ 드시고 가세요?※2
客	はい。	ネ 네.

※1 「사이즈」の「즈」は、通常「ジュ」と読みますが、サイズの場合は「サイジュ」ではなく、「サイズ」と言ったほうが韓国の方に伝わりやすいです。

※2 「お持ち帰りですか？」の場合は、「カジゴ カセヨ
가지고 가세요 ?」。

▶ ショッピングを楽しもう

　仁寺洞は、韓国の伝統工芸品や、伝統的なデザインをモチーフにした衣類などが売っているお店がたくさんあるので、お土産を買うのにもおすすめのスポットです。

　以前、仁寺洞に来たときに、ハングルの文字がちりばめられたデザインのスカーフをお土産に買ったことがありました。祖母にプレゼントしたら、とても喜んでもらえましたよ！

　買い物をするときの注意点としては、金額をしっかり確認することです。値札がついていない商品もあるので、しっかりと**「これはいくらですか？（イゴ オルマエヨ
이거 얼마예요 ?）」**と聞くことが大切です。

　はじめての韓国旅行だと、店員さんの言う金額が聞き取れないこともあります。聞き取れなかったときは、スマートフォンや手を使っていくらなのかをしっかり確認しましょう。

　そして、先ほどもお伝えしましたが、最後にレシートをもらってください。**「レシートをください（ヨンスジュン ジュセヨ
영수증 주세요 .）」**はお会計をするときに必ず言うようにしましょう。

　また、袋がほしい場合は、店員さんに**「袋をください（ポントゥ ジュセヨ
봉투 주세요 .）」**と伝えれば、袋を用意してもらえます。

社長さん！ 見てもいいですか?	サ ジャンニム ポァド テェヨ 사장님！ 봐도 돼요?
着てみてもいいですか?	イ ボ ポァド テェヨ 입어 봐도 돼요?
他の色はありますか?	タ ルン セッカルン イッソ ヨ 다른 색깔은 있어요?
これはいくらですか?	イ ゴ オルマ エ ヨ 이거 얼마예요?
また来ます。	ット オルケ ヨ 또 올게요.
袋をください。	ボントゥ ジュ セ ヨ 봉투 주세요.

　お昼ご飯は「参鶏湯（삼계탕）」を食べにいきましょう。景福宮（경복궁）駅から徒歩7分のところにあるお店、**「土俗村（토속촌）」**がおすすめです。週末にもなれば大行列ができるほどの大人気店。濃厚なスープの中で、トロトロに柔らかくなった鶏肉を、口いっぱいに頬張っちゃいましょう。

韓国伝統家屋の韓屋で食べる
大人気の参鶏湯

土俗村

交通
地下鉄3号線景福宮駅2番出口
徒歩7分

住所
ソウル特別市 鐘路区 紫霞門路5
キル5 （서울특별시 종로구 자하문로
5길5）

▶ 韓国の歴史を堪能できる景福宮を観光

お腹いっぱいになったら、**景福宮**を観光しましょう！

景福宮は定番の大人気観光地です。朝鮮時代に建造された王宮で、上品で美しく、朝鮮王朝の歴史と文化を感じられます。

人気観光地・朝鮮王朝の王宮
景福宮

交通
地下鉄3号線景福宮駅5番出口すぐ

住所
ソウル特別市 鐘路区 社稷路161（서울특별시 종로구 사직로 161）

景福宮のおすすめの楽しみ方は、韓国の伝統服**「韓服（한복）」**を着て写真を撮ることです。景福宮の周りには韓服をレンタルできるお店が立ち並んでおり、2時間1500〜2000円程度でレンタルできます。韓国

韓服を着た女性

韓服を着た僕

の伝統服を着て、歴史を感じる景福宮を背景に写真を撮れば、思い出に残ること間違いなしです！

感想を伝える韓国語

🔊 音声142

とてもかわいいですね。	_{ノ ム イェップ ネ ヨ} 너무 예쁘네요.
とてもかっこいいですね。	_{ノ ム モ シン ネ ヨ} 너무 멋있네요.
めちゃくちゃ感動しました。	_{ノ ム ノ ム カムドンヘッソ ヨ} 너무너무 감동했어요.
デザインいいですね。	_{ティジャイン チョンネ ヨ} 디자인 좋네요.
本当によかったです。	_{チョンマル チョアッソ ヨ} 정말 좋았어요.

▷ 世宗大王の銅像がある光化門広場へ

　景福宮を観光したあとは、南側にある **「光化門広場（광화문광장）」** に向かいましょう。韓国語のハングルをつくった世宗大王（세종대왕）と、豊臣秀吉軍と戦った朝鮮水軍の李舜臣（이순신）将軍の銅像を見られます。観光ガイドでも有名な場所ですね。

ハングルをつくった李氏朝鮮の第4代国王
世宗大王の銅像

交通
地下鉄5号線光化門駅9番出口すぐ

住所
ソウル特別市 鐘路区 世宗大路（서울특별시 종로구 세종대로）

もう１つのおすすめの撮影スポットが、**大韓民国歴史博物館の屋上**です。景福宮や光化門広場、青い家とも称される**旧大統領府「青瓦台<ruby>（청와대）<rt>チョンワ デ</rt></ruby>」**も一望できます。大韓民国歴史博物館は無料で入場できるので、ぜひ見に行って記念写真を撮りましょう。

▷ 三清洞、北村韓屋村を観光

　景福宮・光化門広場を堪能したあとは、すぐ近くにあるデートスポット**「三清洞<ruby>（삼청동）<rt>サムチョンドン</rt></ruby>」**や、韓国の伝統的な家屋が見られる**「北村韓屋村<ruby>（북촌한옥마을）<rt>プクチョンハ ノン マ ウル</rt></ruby>」**に行きましょう。

　三清洞は、オシャレなカフェやおいしい韓国グルメも堪能できるエリアです。
　韓国人の思い出のおやつ<ruby>「떡꼬치」<rt>ットクッコ チ</rt></ruby>を食べながら散歩して、韓国の甘酒<ruby>「식혜」<rt>シ ク ケ</rt></ruby>を飲むのがおすすめです。

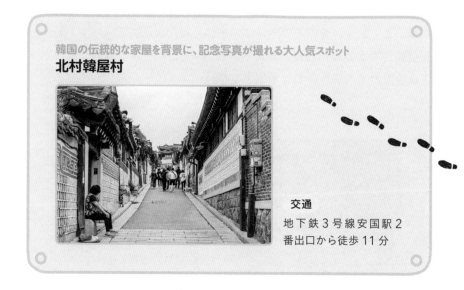

韓国の伝統的な家屋を背景に、記念写真が撮れる大人気スポット
北村韓屋村

交通
地下鉄３号線安国駅２
番出口から徒歩11分

北村韓屋村は韓国の観光雑誌などにもよく掲載されている写真スポット！　伝統的な家屋「韓屋」と1日目の夜に見に行ったNソウルタワーが一望できる絶景スポットがあります。ここでも韓服を着て写真を撮ると、いい思い出になりますよ。

　北村韓屋村を訪れたときに1つだけ注意点があります。ここのエリアは住宅地で、普通に暮らしている方もいます。歩くときは大きな声を出すのは控えましょう。

▷ おしゃれな街と飲み屋街が融合した鐘路3街を観光

　三清洞・北村韓屋村を満喫したら**「益善洞韓屋村（익선동한옥마을）」** に行ってみましょう。仁寺洞や北村韓屋村とはまた雰囲気の異なる、伝統的な韓屋を現代風にアレンジした街並みを堪能できます。おすすめの写真スポットです。

伝統的な街並みと現代が融合したおしゃれな街
益善洞韓屋村

交通　地下鉄1、3、5号線鐘路3街駅4、6番出口から徒歩すぐ

写真を撮ってもいいですか?	_{サジン ッチゴド テェヨ} 사진 찍어도 돼요?
写真を撮っていただけますか?	_{サジン ジョムッチゴ ジュ シ ゲッソ ヨ} 사진 좀 찍어 주시겠어요?
写真を撮ってあげましょうか?	_{サジン ッチゴドゥリルッカヨ} 사진 찍어드릴까요?
1、2、3!(写真を撮るときのカウント)	_{ハ ナ トゥル セッ} 하나 둘 셋 !
本当にいい写真ですね。	_{チョンマル チョウン サ ジ ニ エ ヨ} 정말 좋은 사진이에요.

▶ 鐘路3街駅はおすすめのご飯屋さんがたくさん!

　益善洞韓屋村では、夜ご飯をどうしようか、とても悩みます。なぜなら、最寄の**鐘路3街（종로3가）駅にはおすすめのお店が多すぎる**んです!

　まずは益善洞韓屋村から鐘路3街駅6番出口周辺に向かうと、屋外で焼肉をしている光景が目に入ってきます。おいしいサムギョプサルやモクサル（豚の首のお肉）、カルメギサル（豚ハラミ）を食べるのもいいし、ホルモンが好きな方は、鍋料理「スンデコプチャン鍋（순대곱창정골）」がとてもおいしいお店もあります。

サムギョプサル

　鐘路3街駅6番出口周辺では、夕方になると道路一帯にポジャンマチャ（屋台）が出店しだします。韓国ドラマに出てきそうな屋台で、焼酎を一杯クイッと飲むようなシーンを再現できますよ。

路上で一杯いかが? 現地の方も楽しんでいるリアルな韓国を満喫
鐘路3街 屋台通り

交通 地下鉄 1、3、5 号線鐘路 3 街駅 3、4、6 番出口から徒歩すぐ

　少し歩いて鐘路 3 街駅 15 番出口に向かうと、路地裏にあるポッサム通りにたどり着きます。ポッサム（茹でた豚肉）料理屋さんや、「クルポッサム（牡蠣ポッサム）」を食べられるお店がたくさんあります。牡蠣と一緒に、ポッサムとキムチを野菜でくるんで食べるクルポッサムは、最高においしいです！

　少し南に歩くと、ノガリ横丁や飲み屋街**「ヒプチロ（힙지로）」**にも行けます。

クルポッサム

　鐘路 3 街駅周辺は、韓国グルメやお酒を飲みに行く街としてもおすすめのエリアです。現地の方が実際に楽しんでいる韓国の夜を、思うぞんぶん堪能しましょう。

飲食店で使える韓国語

空いてますか？（席はありますか？）	チャリ イッソ ヨ **자리 있어요?**
すみません、あのー。（店員を呼ぶときに使う）	チョギ ヨ **저기요.**
メニューをください。	メニュパヌル ジュセ ヨ **메뉴판을 주세요.**
注文します。	チュ ム ナルケ ヨ **주문할게요.**
ごちそうさまでした。	チャル モ ゴッスムニ ダ **잘 먹었습니다.**

POINT

移動のときに、あえてタクシーや地下鉄を使わずに少し散歩
してみよう。韓国の伝統的な街並みが楽しめる

COLUMN

韓国の若者は優先席に座らない!?

　韓国は、お年寄りを大切にしようという精神が深く根づいています。たとえば、韓国の地下鉄では、優先席に若者は絶対に座りません。お年寄りや身体の不自由な方のために、優先席は空けておいてくれています。

　また、優先席ではなくても、目の前にお年寄りの方が立っていた場合、高い確率で若者が席を譲っている姿を見かけます。譲り方もスマートで、若者は何も言わずに席を立ち、お年寄りはありがとうと言って座席に座ります。

　以前、韓国の地下鉄で、長い階段の下でお年寄りの女性が大きな荷物を運ぼうとしているのを見かけたことがありました。そのとき、通りすがりの男性がその女性の大きな荷物を無言で持って、階段を登っていったのです。

　一瞬、「えっ？　泥棒？」と思ったのですが、階段を上がりきったところで、女性に見えるところに大きな荷物を置いて、男性は去っていきました。
　その男性は、女性が大変そうだと思って、気を遣って階段の上まで荷物を運ぶお手伝いをしてくれていたのですね。

　無言で運ぶのは韓国でもあまりないようですが、知らない人同士で高齢者が大きな荷物を運ぶのを手伝ってあげている姿は、韓国でよく見かける光景です。

市場に行ってみよう

> ▷ 朝からショッピングや食べ歩きを楽しめる
> 南大門市場を観光

　3日目は韓国の代表的な2つの市場、**南大門市場（남대문시장）** と **東大門市場（동대문시장）** を堪能しにいきましょう。まず、朝は明洞駅から1つ隣の会賢駅（회현역）にある南大門市場へ！　日曜日はお休みのエリアなので、ご注意ください（2024年1月現在）。

3日目のアクセスマップ

　会賢駅5番出口を出てすぐ、朝からやっている**カルグクス通り**に行って、おいしいカルグクスを朝食に食べるのもいいですね。「明洞餃子」ですでにカルグクスを食べた人も、ここではまた一味ちがったおいしさ

を堪能できるので、ぜひもう一度食べてみてください！　さっぱりとしたスープに韓国海苔がよく合います。

カルグクス

ほかにも、有名な屋台 **「南大門野菜ホットク」** に行くのもおすすめ！
　ここの野菜ホットクは本当においしくて、連日大行列です。大きな南大門（崇礼門 숭례문）の近くで、いつも人が並んでいるので場所はすぐにわかると思います。

韓国に来るたびに、行きたくなるお店
南大門野菜ホットク

交通
地下鉄4号線会賢駅5番出口　徒歩4分

住所
ソウル特別市 中区 南大門路4街, 南大門市場 2GATE 入口
（서울특별시 중구 남대문로 4 가, 남대문시장 2GATE 입구）

　南大門は韓国最大のアクセサリーの卸市場として有名で、韓国で販売されているアクセサリーや日本のネットショップや、店頭で販売されているアクセサリーもここでつくられていることが多いです。直接購入で

きるので、アクセサリーを安く手に入れたい人は、アクセサリー問屋ビルに入ってみましょう。

韓国最大のアクセサリー卸市場がある街
南大門市場

交通　地下鉄4号線会賢駅5・6・7番出口からすぐ / 地下鉄4号線明洞駅5番出口から徒歩10分

市場で使える韓国語

🔊 音声145

高いです。	ビッサヨ 비싸요.
安いですね。	ッサネ ヨ 싸네요.
お金がないです。	ト ニ オプソ ヨ 돈이 없어요.
カードで支払えますか?	カドゥロ ハル ス イッソ ヨ 카드로 할 수 있어요?
現金がないです。	ヒョング ミ オプソ ヨ 현금이 없어요.

> ## 韓国最大のファッション卸市場のある
> ## 東大門市場へ

　南大門市場を満喫したら、東大門市場に移動しましょう（東大門エリアはお店によって定休日が金・土・日曜日など、それぞれ異なるので、ご注意ください）。

　南大門の会賢駅から地下鉄４号線で、東大門駅まで移動しましょう。駅を降りたら、すぐに大きな**東大門（興仁之門 <ruby>흥인지문<rt>フンインジムン</rt></ruby>）**を見られます。記念写真を忘れずに！

ショッピングや韓国グルメを夜中まで楽しめる、眠らない街
東大門

交通　地下鉄４号線会賢駅から東大門駅まで電車で８分。東大門駅７番出口からすぐ

東大門市場は服や靴など、韓国最大のファッションの卸市場が立ち並ぶエリア。韓国や日本にかぎらず、アジアで流通している服などはこの東大門から出回っているものが多いです。日本のネットショップや店頭で販売している商品を、東大門市場エリアで見かけることがあります。

▶ 広蔵市場で食べ歩き

　お腹がすいていたら、**「広蔵市場（광장시장）」** に向かいましょう。広蔵市場も、観光ガイドでよく取り上げられている人気スポットです。屋台が所せましと立ち並び、食べ歩きにも最適。

　チヂミの一種である「ピンデトク（빈대떡）」や「ユッケ（육회）」などが有名です。でも、僕のおすすめは「ユッケタンタンイ（육회탕탕이）」！ユッケと、動いている生のタコを一緒に塩ゴマだれにつけて食べるのが最高においしいです。

韓国グルメを堪能！ 韓国で一番活気がある市場
広蔵市場

交通　地下鉄1、4号線東大門駅9番出口から徒歩10分。地下鉄1号線鐘路5街駅7番出口から徒歩すぐ

東大門駅と広蔵市場の間には**「タッカンマリ通り」**があります。鶏を
まるまる一羽茹でる「タッカンマリ（닭한마리）」はとてもおいしいで
す。たくさんのタッカンマリ屋さんが並んでおり、どこもおいしいので
すが、**「陳玉華ハルメ元祖タッカンマリ（진옥화할매원조닭한마리）」**が
とくにおすすめのお店です。いつ行っても大行列ができているので、並
ぶ覚悟で食べにいきましょう。

連日大行列！ 日本のメディアにも紹介される大人気のタッカンマリ屋
陳玉華ハルメ元祖タッカンマリ

交通
地下鉄4号線東大門駅
9番出口 徒歩5分
住所
ソウル特別市 鐘路区 鐘
路40 ガキル 18
（서울특별시 종로구 종로
40 가길 18）

　東大門には大きなショッピングモールがたくさんあり、その中でも
「DOOTA MALL」や**「ミリオレ東大門」**が人気です。

　ショッピングモールだけでなく、卸市場の雰囲気も堪能したい方は夜
20 時以降に訪れるといいでしょう。

　東大門には宇宙船みたいな大きな建物**「東大門デザインプラザ（通称
DDP）」**があり、その東側のエリアに卸市場が広がっています。アジア
各国のバイヤーが集まり、朝まで活気のある雰囲気を楽しめます。

　ただ、卸市場にあるお店は、一般の方が買い物できない場合も多いの
で、ご注意ください。

▶ 値札がない商品は価格交渉できる!?

南大門や東大門の市場で買い物するときは、笑顔で **「安くしてください（깎아주세요 .）」** と言うと、少しお得に買えることもあるかもしれません。

僕の個人的な感覚ですが、値札がない（価格が表示されていない）お店は価格交渉アリだと思っています（笑）。

値札がないお店は、人を見て価格を変えている可能性があるので、**「いくらですか（얼마예요 ?）」** と聞いて、笑顔で価格を交渉してみましょう。

また、市場で売っているキムチをお土産に持ち帰るときは、少し注意が必要です。

キムチは発酵食品のため、梱包をしっかりしていないと、スーツケースの中でキムチが爆発（!?）して、においや汁などがもれて、大変なことになります。もれないよう対策が必要です。

キムチを買うときに、お店の人に **「飛行機に乗って帰ります（비행기 타고 돌아갈 거예요 .）」** と伝えれば、しっかりと梱包してくれるはずです。

心配な方は「ちゃんと梱包してください（잘 포장해 주세요.）」と伝えたり、もれないよう、自分で対策しましょう。

市場で使える韓国語

🔊 音声146

安くしてください。	깎아주세요.
いくらですか？	얼마예요?
新しいものはありますか？	새로운 것 있어요?
大きいサイズはありますか？	큰 사이즈 있어요?
買います。	살게요.
飛行機に乗って帰ります。	비행기 타고 돌아갈 거예요.
ちゃんと梱包してください。	잘 포장해 주세요.

▷ おすすめはたくさんあるけど漢江ははずせない！

　東大門、広蔵市場を満喫したら、明洞に戻ってマッサージや美容エステを堪能するのもいいし、オシャレなカフェを巡るのもいいですね。

　気候がよい時期は、漢江を見にいくことをおすすめします！

　ソウル市内の中心を流れる大きな川の漢江は、現地の方の憩いの場になっています。

　漢江を見るベストスポットは、地下鉄5号線ヨイナル駅（여의나루역）2番出口からすぐの「ヨイド漢江公園」。東大門駅から地下鉄で23分（東大門歴史文化公園駅から地下鉄で18分）のヨイナル駅に移動しましょう。

漢江へのアクセスマップ

景福宮・

東大門駅
トンデムン

1号線 2号線

4号線

3号線

明洞駅
ミョンドン

ソウル駅

Nソウルタワー

ヨイド漢江公園
ハンガン

漢江
ハンガン

6号線

5号線

ヨイナル駅

　ヨイナル駅2番出口を出たら、最高の景色を楽しめます。漢江沿いの広場ではシートを敷いて、「チメク（치맥）」というチキンやビールを一緒に楽しむのが一般的な楽しみ方！　漢江沿いには屋台も立ち並んでいるので、おいしいものを買いましょう。他にも**「漢江ラーメン」**といって、漢江沿いにあるコンビニで袋入りのインスタントラーメンを購入して、その場で調理して食べる楽しみ方もあります。

韓国人の憩いの場
ヨイド漢江公園

交通
地下鉄5号線ヨイナル
駅2番出口からすぐ

美しい漢江の景色を眺めよう

美しい漢江とソウルの夕焼けを眺めながら、のんびり過ごしてみませんか？

ショッピングで使える韓国語

🔊 音声147

EMSで送れますか？	イエムエスロ ポネル ス イッソ ヨ EMS로 보낼 수 있어요?
少し考えてみます。	センガク ジョム ヘ ボルケッ ヨ 생각 좀 해볼게요.
やっぱりやめておきます。	ヨクシ ア ナルレ ヨ 역시 안 할래요.
見ているだけです。	ク ニャン ボル ケ ヨ 그냥 볼게요.

最終日3日目の夜、いよいよ帰国が迫ってきました。明洞に帰って、目星をつけておいたお土産を購入しつつ、韓国旅行最後の夜の街を満喫しましょう。

POINT

市場はおいしい韓国グルメだらけ！ 時間と胃袋に余裕を持って楽しもう

とうとう最終日！
お土産を買って帰国しよう

▷ **ソウル駅でお土産を買って、最後の思い出づくりを**

　最終日は明洞駅からソウル駅に出て、ソウル駅に隣接している**「ロッ**
テマート」でお土産を買うのがおすすめです。ここでは空港のお土産店
よりもお得に商品を購入できます。キムチや海苔などのお土産は、ここ
で買っておきましょう。

　そのほかにも、空港のお土産店や日本では売っていない韓国のお菓子
などもたくさんありますよ。

韓国ソウルの玄関口
ソウル駅

交通
地下鉄4号線明洞駅
から2駅

お店で使える韓国語

🔊 音声148

（写真を指しながら）これはないですか？	イ ゴン オプソ ヨ 이건 없어요?
在庫はないですか？	チェゴ オプソ ヨ 재고 없어요?
免税品を買いたいのですが。	ミョンセ プ ムル サ ゴ シップ デ ヨ 면세품을 사고 싶은데요.
キムチはどこにありますか？	キ ム チ ヌン オ ディ エ イッソ ヨ 김치는 어디에 있어요?
これは飛行機に持って入れますか？	イ ゴン ビ ヘン ギ エ カ ジ ゴ タル ス イッソ ヨ 이건 비행기에 가지고 탈 수 있어요?
さようなら。（見送られる側）	アンニョン イ ケ セ ヨ 안녕히 계세요.
さようなら。（見送る側）	アンニョン イ カ セ ヨ 안녕히 가세요.

CHAPTER

3

「行ったつもり」で会話力アップ！ 韓国旅行「妄想」ツアー

▶ ソウル駅〜仁川国際空港、帰国へ

　お土産を買い終えたら、仁川国際空港に移動しましょう。とその前に、**ソウル駅から空港鉄道 A'REX の直通電車を利用して空港に向かう場合は、ソウル駅で事前搭乗手続き（事前チェックイン）ができる**んです！※

※ソウル駅で搭乗手続きが可能な航空会社は大韓航空やアシアナ航空、チェジュ航空、ティーウェイ航空、ジンエアー、エアソウル航空、エアプサン航空です（2024年1月時点）。

　航空会社ごとに手続き可能な路線が異なるため、詳細は各航空会社のサイトを確認しましょう。

　ソウル駅の「ソウル駅都心空港ターミナル」では、事前搭乗手続きやスーツケースなどの手荷物預かりサービスを提供しています。このサービスの利用対象者は、**A'REX の直通列車の当日乗車券を持っている人**

です。

　仁川国際空港の第1ターミナルを利用する方は出国の3時間前まで、第2ターミナルを利用する方は3時間20分前までに、ソウル駅の地下2階にあるA'REX乗車券売り場で直通列車の乗車券を購入して、搭乗手続きをすませましょう。

　さらに、チェックインカウンターの隣に出入国審査場があるので出国審査もここで完了しちゃいましょう！

　ソウル駅でチェックインを完了すれば、仁川国際空港で出国審査の長蛇の列に並ばずに、帰国の手続きをラクにすませることができます。

　ソウル駅から仁川国際空港までは、直通列車を使えば第1ターミナルには最短43分、第2ターミナルには最短51分で到着できます。

　ソウル駅から仁川国際空港までの行き方は、空港鉄道A'REXの直通列車以外にも、空港鉄道A'REXの一般列車、リムジンバスやタクシーなどの移動方法があります。

　仁川国際空港に向かうときに、注意が必要なことが1つあります。
間違って「仁川駅（인천역）」に行かないよう、気をつけましょう！

　仁川は仁川でも、仁川国際空港駅と仁川駅はまったく異なる駅で、場所はとても遠いんです。以前、僕の友だちが仁川駅に行ってしまい、仁川駅から空港までタクシーで約40分、4000円くらいかかってしまったことがありました。ご注意ください。

　仁川国際空港は世界中の方が利用しているため、航空会社のチェックインに時間がかかることを想定して、出国の2〜3時間くらい前に着くようにしましょう。

仁川国際空港で出国審査まで完了したら、免税エリアで韓国での最後のショッピングを楽しんで日本へ帰国しましょう。

韓国の王道コースはいかがでしたか？

読んでいるうちに、かなりタイトなスケジュールだとわかっちゃいましたかね（笑）？

そう、韓国旅行は沼です。1つのエリアにたくさんのおすすめショップや絶品グルメがあり、1つのエリアで1つのお店に行くだけでは全然物足りません。

一度訪れた場所でも、別のお店に行けば、街に対する印象ががらりと変わります。韓国旅行はまるで沼にハマっていくように、一度行ったらまた行きたくなってしまう魅力があるのです。

ここで紹介した観光地以外にも、高級店が立ち並ぶ江南_{カンナム}エリアや大人気韓国ドラマのロケ地など、魅力的なスポットがたくさんあります。ぜひ何度も韓国に足を運んでみてくださいね。

一緒に韓国旅行の沼にハマりましょう！

 POINT

韓国の旅は沼！　旅行を楽しむためにも現地で使えるフレーズを覚えていこう

COLUMN

🔊 音声149

トラブルに巻きこまれたときに使えるフレーズ

旅は万全を期していても、トラブルが起きることがあります。ここでは、トラブルに巻きこまれた場合に使える韓国語をご紹介します。

トラブルに巻きこまれた場合に使える韓国語

助けてください。	サルリョ ジュセ ヨ 살려 주세요.
手伝ってください（助けてください）。	ト ワジュセ ヨ 도와주세요.
警察を呼んでください。	キョンチャルー プルロ ジュセ ヨ 경찰을 불러 주세요.
救急車を呼んでください。	ク グプチャルー プルロ ジュセ ヨ 구급차를 불러 주세요.
財布をなくしました。	チ ガブル イ ロ ボリョッソ ヨ 지갑을 잃어버렸어요.
日本語ができる方はいますか？	イルボノ ハ シヌン ブ ニ イッソ ヨ 일본어 하시는 분이 있어요?

「具体的な目標」を決めて、レベルアップを目指そう！

「目指すレベル」に必要な勉強時間を知ろう

▷ どのくらい勉強すれば、どれだけ話せるようになる?

「せっかく勉強を始めたから、いつか検定試験でも受けてみようかな」
「アイドルの話している内容を聞き取れるようになりたいな」
「ドラマや映画を字幕なしで楽しめるようになるには、どのくらい時間がかかるんだろう」
「初心者レベルでも留学できるのかな?」

　韓国語がわかってくるようになってくると、目標を立てたくなりますよね。

　どのくらい勉強すると、どんなレベルに到達するのか──。

　この章では、勉強の目安になるよう、韓国語の初級、中級、高級(上級)といった各レベルに到達するのに必要な、おおよその勉強時間をご紹介していきます。

　さらに語学留学する方法や、実際に留学した人の話、TOPIK 検定の上級レベルに合格した人の話なども紹介しているので、目標を決める際にぜひ参考にしてください。

▷ 韓国語の能力を測る「TOPIK」、語学力を身につける「語学堂」

　韓国語能力を測る試験の1つに **「TOPIK」** があります。TOPIK は **「韓**

国語能力試験」という、韓国政府が主催している韓国語の能力を測るための試験です。日本もふくめて世界 97 カ国の韓国語学習者が受験しています（2024 年 1 月現在）。

　1 級から 6 級まであり、1 級が初級レベルで、2 級、3 級と級が上がるごとにレベルが高くなります。

　また、韓国国内にある**「語学堂」**は、語学留学を目的とする人たちが通う、韓国の大学に付属する韓国語を学ぶ学校のことです。TOPIK 同様に 1 級〜6 級まであり、1 級が初級レベル、6 級が最上位のレベルです（大学によっては 7 級レベルがあるところもあります）。僕は西江大学校語学堂などに約 2 年留学して、6 級を卒業しました。

　TOPIK も語学堂もそれぞれ 1、2 級が初級レベル、3、4 級が中級レベル、5、6 級が高級（上級）レベルです（意味は上級レベルのことですが、韓国語では「高級」と言ったりするので高級レベルと表現します）。各レベルについてご説明していきます。

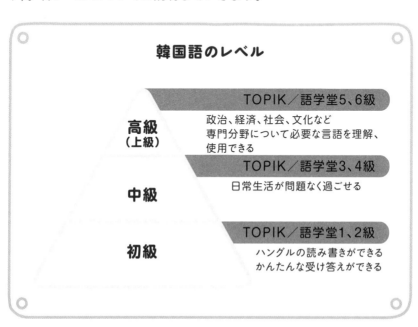

韓国語のレベル

高級（上級）　TOPIK／語学堂5、6級
政治、経済、社会、文化など
専門分野について必要な言語を理解、使用できる

中級　TOPIK／語学堂3、4級
日常生活が問題なく過ごせる

初級　TOPIK／語学堂1、2級
ハングルの読み書きができる
かんたんな受け答えができる

▷ 韓国語レベル初級
(TOPIK 1、2級レベル / 語学堂 1、2級レベル)

　初心者を卒業して、初級レベルの力を身につけるには、ハングルのかんたんな単語や基礎的な文法の理解が必要です。

　初級レベルをクリアするのに、語学堂だと400時間（1級200時間、2級200時間）の勉強をします。1日4時間の授業を半年間受けてようやく終わるレベルなので、けっこう時間がかかりますよね……。独学の場合も勉強のしかたによりますが、語学堂と同等の400時間程度と考えていいでしょう。
　初級レベルをクリアすると、買い物をしたり、飲食店で注文をしたり、道を聞いたりなど、韓国旅行では困らなくなるレベルに到達できます。

　ただ、初級レベルでは日常会話を十分に楽しむには単語や文法が不足しているので、かんたんな挨拶や質問でも相手の返事が聞き取れないことがあります。まだまだ韓国の方とスムーズにコミュニケーションをとるのは難しいかもしれません。
　ちなみに、TOPIK1級は単語を800語程度、2級は1500〜2000語程度を覚えると合格できるレベルです。

▷ 韓国語レベル中級
(TOPIK 3、4級レベル/語学堂 3、4級レベル)

　中級レベルに到達すると、自分の伝えたいことはほぼすべて伝えられます。日常会話がスムーズになり、韓国の方との会話も楽しめるようになります。ニュースや新聞などの内容を、おおよそ理解できるようにな

るのがこのレベルです。

　中級レベルをクリアするのにかかる時間は、語学堂だと 400 時間、約半年間かかります。初心者からスタートすると合計で 800 時間です。

　中級は初級と同じ 400 時間でクリアできるものの、**初級とは難しさが段違いです。**

　その証拠に、僕は 3 級の授業を 2 回受けました。語学堂の試験の点数が悪く、1 回で進級できなかったのです（涙）。

　初級レベルから中級レベルに上がった最初の授業で、一気に 10 段階くらいレベルが上がったように感じるぐらい、すごく難しく感じました。

　でも、その難しい中級をクリアすれば、韓国旅行に行ったときもさらに楽しくなります！　現地の方とスムーズにコミュニケーションをとれるし、相手の話す言葉がある程度理解できるようにもなってきます。**十分楽しく会話ができるようになるレベルなので、中級レベルを目標に学習を進めるのもよいでしょう。**

　中級レベルは、自分の話したい言葉をほぼすべて韓国語に置き換えることができます。ただ、この段階だと、まだ**言い回しはワンパターンになりがち**です。

　日本語で同じことを伝えたいときに複数の言い方があるように、韓国語も多種多様な言い方があります。

　中級レベルまでで学ぶのは、ほんの一部の言い方です。巧みな言い回しをして自分なりの言葉で話したい、細かいニュアンスまで伝えたい人は高級レベル（TOPIK 5、6 級／語学堂 5、6 級）に進む必要があります。

> ### ▶ 韓国語レベル高級
> （TOPIK 5、6級レベル／語学堂 5、6級レベル）

　高級レベルに到達すると、政治、経済、文化といった専門分野に必要な言語レベルを理解して話せる段階になります。

　この最後の高級レベルをクリアするのにかかる時間も、語学堂の場合は中級と同じく 400 時間です。**初心者からスタートすると、合計1200 時間の勉強で、高級レベルをクリア**できることになります。

勉強時間の目安※語学堂の場合

初級	中級	高級
400時間	400時間	400時間

高級レベルまでクリアするのに1200時間！

　自分の伝えたいことを話せるようになっても、ここで挫折してしまう人が多発します。そのくらい難しいのが韓国語の高級レベルです。

　知り合いのフランス人は、語学堂の 4 級をクリアし、高級レベルの 5 級に進級できる段階だったのに、5 級レベルの教科書を見てあきらめてしまいました。

　また、知り合いのカナダ人は、5 級になったものの最初の授業についていけず、もう一度 4 級から勉強し直したいといって、先生にクラス変更を直談判しにいったぐらいです。語学堂の先生も、高級レベルで挫折する人が多いと言っていました。

　僕が高級レベルで勉強したときには、裁判員裁判制度や死刑制度につ

302

いて討論したりしました。日本語でも討論するのが大変な内容ですよね。

　高級レベルの難しさをたとえるなら、韓国語で説明されても、内容がまったく理解できず、日本語に翻訳して勉強し直すものの、その翻訳した日本語すら意味がわからないので、日本語の辞書を引いて日本語を勉強するといった感じです（笑）。

　初級から上級まで、だいたいのレベル感はつかめましたか？

　韓国語にかぎらず、どの分野でも1000時間勉強したり努力すればその分野をある程度習得することができ、学校に受かったり、就職ができたりすると言われていますよね。
　韓国語でも約1000時間勉強すれば、韓国のアイドルが話していることを理解したり、感想を韓国語で伝えたりできるし、好きな分野を韓国語で勉強することができたりするレベルに到達します。
　韓国の大学に通いたい方はこのぐらいのレベルがあるといいと言われています。

　大学受験自体はTOPIK3〜4級以上あれば受けることができますが、5〜6級のレベルの人でも韓国の大学の授業で苦労することも。韓国の大学に通いたい方は、高級レベルまで到達しておくといいでしょう。

POINT
自分が目指すレベルを把握して、今後の学習プランを組み立てよう

誰でもできる！確実に語学力を身につける方法

▶同じ学習書をくり返し読もう

前のページで高級レベルの話を読んで、気が遠くなってきた人もいるかもしれませんね。でも大丈夫です。**「政治とか経済について話すような高いレベルは目指してないよ！ とりあえず韓国旅行を楽しめればいい！」**と考えているのであれば、初級レベルをクリアすれば十分です。初級レベルは独学でもクリアできる人は多いです。

学校に通わなくても、韓国語の学習書やブログ、動画などで、韓国語をひとりでも勉強できる環境が十分に整っています。

勉強するコツは、１冊の学習書や気に入った１つの動画を何度も見返すこと。

CHAPTER2 の STEP9 でも復習の大切さを話しましたが、何度もくり返すことで記憶が定着し、理解が深まっていきます。

同じ本や動画を何度読んだり見たりしても理解しづらい、自分には合わないと思ったら、別の本や動画を試してみるのもちろん OK！

ただ、日本で発売されている学習書はわかりやすいものばかりなので、まずは**最初に買った１冊を完全に理解できるように、何度もくり返し読む**のがおすすめです。

▷ レベルアップに大切なのは「基礎固め」

「韓国人と楽しい会話をしたい。たくさんコミュニケーションをとりたい」「韓国のアイドルや俳優が実際に話している内容を理解したい」という人は、初級から一歩進んで、中級以上のレベルを目指しましょう。

中級以上を目指すのであれば、一度韓国語の学校で勉強したり、オンライン授業を受けたりしてみるのもおすすめです。

学校の先生に韓国語の発音がちゃんとできているかを確認してもらったり、授業を受けて韓国語の勉強方法を学んだりすると、基礎的な力がしっかり身につきます。レベルアップのスピードも速いです。

もちろん何年も通い続ける必要はなく、導入として発音や勉強方法などの基礎がわかれば、あとは独学でも中級以上に進むことはできます。

スポーツでも同じですよね。

やみくもにバットをふってもホームランは打てるようにならないし、ただボールを蹴り続けるだけではゴールを決めることはできません。基本的な打ち方や蹴り方などの基礎を学ぶからこそ、ボールを遠くに飛ばしたり、ボールを強く蹴ったりできるのです。

今の時代はありがたいことに、格安で受講できるオンライン講座もたくさんあります。

お金や時間をかけて語学留学や韓国語学校に通う方法もありますが、お金や時間をかけなくても学ぶ方法はたくさんあります。

自分の目的や目標に向かうために最善と思うものを選択しましょう。

韓国語が高級レベルでも韓国ドラマを100％理解できない!?

　余談になりますが、高級レベルをクリアしたらすべて字幕なしで韓国ドラマや映画も楽しめるでしょうか？

　答えは……**「No」**です。

「えっ、1000時間以上勉強して高級レベルをクリアしても、まだ足りないの!?」と思うかもしれません。残念ながら、高級レベルになっても、作品自体を楽しむことはできても、すべての韓国語を理解することは難しいのです。

　たとえば学生の恋愛ドラマなら、そんなに難しい言葉は出てこないので、字幕なしで8～9割程度理解できる作品もあります。
100％聞き取るのが難しい理由は、独特な言い回しがあって、韓国で生活していないとわからない言葉があるからです。

　日本のドラマでも今流行っているギャグや、昔流行ったギャグなど、日本で生活をしていないとわかりづらいものが出てきたりしますよね。そういった流行り言葉まで知っていないと、完全に理解するのは難しいのです。

　字幕なしでドラマや映画を楽しめるようになりたい人は、ぜひ最新の韓国のニュースやドラマなどに触れてみてください。言い回しなどが少しずつわかるようになりますよ。

POINT
動画や学校、勉強する手段はたくさんある。
自分の目標に合わせて勉強を進めていこう

初心者でも留学できる？

▶ 最短数日から通える「語学留学」

語学力を身につける方法の1つに、**「語学留学」**があります。

語学留学は、語学力を上げるのを目的に現地の語学学校に通うことです。最短で数日から通えるので、気軽に行くことができます。

そして、語学留学には2つの選択肢があります。

現地にある**民間の韓国語学校に通う方法**と、**韓国の大学に付属している語学堂に通う方法**です。

民間が運営する韓国語を学ぶ学校に通う場合は、ビザが発行されないため、短期滞在ビザを利用して90日間以内の留学となります。

一方、大学に付属している語学堂に90日間以上通う場合は、ビザを取得することができ、語学堂に通っている間はずっと韓国に滞在することができます。

長期間、韓国で勉強したい方には語学堂がおすすめです。

語学堂には、必要な書類とお金さえ準備できれば通うことができますが、持っていなければならない資格が1つあります。

それは**高校卒業以上またはそれと同等の学歴**です。

中学生や高校生から「語学留学するにはどうしたらいいですか？ 語

学堂に通いたいです」という質問もよくきます。語学堂で学びたい場合は、高校を卒業してから通う計画を立てるようにしましょう。

　必要な書類は通う語学堂ごとに異なり、通いたい大学のホームページで確認することができます。**長期間滞在する予定の場合、100万円以上のお金があることを証明する必要があります**（ビザが不要の90日以内の短期留学なら、証明の必要がありません）。

　長期間韓国に滞在するのに、長期滞在するだけのお金がなかったらそもそも通えないので、学校に通いながら生活するお金はあるのかという確認のためのお金ですね。

　語学留学のビザでは、最初の半年間アルバイトはできず、韓国でお金を稼ぐことができません。半年後も「資格外活動許可」を得なければ働くことはできず、許可を得ても働く時間は制限されています。

　語学留学のビザで韓国に滞在する場合、目的は「語学を学ぶこと」で、韓国で働くことではないということですね。

　そのため、韓国の留学費用をすべてまかなえるように、留学しながら現地でお金を稼ぐ、というのは難しいです。

　留学中のアルバイトは社会経験になるのでおすすめですが、稼ぐのはあくまでお小遣い程度。留学費用は留学前にしっかり貯めておきましょう。学費＋家賃（保証金ふくむ）＋生活費（ひと月10万円×通う期間）くらいのお金を目安に準備できるといいですね。

▶学校選びのヒント

　学校選びはとても悩むと思います。

　僕も留学前に、実際に留学した人などから話を聞いて、「会話に強く、韓国語を話せるようになりたいなら西江大学の語学堂！　文法をしっか

り学びたいなら延世大学の語学堂！」というアドバイスをもらいました。

　僕の場合は、梨花女子大学、ソウル市立大学、西江大学の３つの大学の語学堂に通って、授業の内容がいいとされる大学やその他の大学とでは、どのような差があるのか実際に体験してみました。

　３つの語学堂に通った僕の感想ですが、どこもすばらしい語学堂で、とくに授業内容に差を感じませんでした（あくまで個人的な感想です）。
　授業内容以外の学校選びのポイントとして、大学への進学の有無や学校の立地、奨学金制度などを考慮する人も多いようです。
　ぜひご自身で情報収集してみてください。

▷語学堂に通う期間は？

　語学堂では、１つの級を３カ月のカリキュラムで学んでいきます。
　そのため、初級レベルの１級から高級レベルの６級の卒業までには早くて１年半かかります（語学堂によっては７級まであるところもあるので、その場合は早くて１年９カ月で卒業）。

　語学堂に入学する際は、「レベルテスト」という韓国語の実力を測るテストを受けます。そのレベルテストの結果によってクラス分けされます。自分にあったレベルから韓国語の授業を受けられるんです！
　韓国語がまったくできず、ハングルを読むことができない人でも１級から丁寧に教えてくれるので、安心して留学することができます。
　事前に韓国語を勉強している方であれば、３級や４級、高級レベルの５級や６級からスタートする場合もあります。

▶ 語学留学の1日

　ここまで読んで、「語学留学をしてみたい！」と思った方もいるかと思います。ご参考までに、僕が語学留学をしていたときの1日のスケジュールをご紹介します。

　まず、語学堂は朝9時から授業が始まります。
　1限目から4限目まであり、10分ずつ休憩を挟みながら、12時50分に終わります。語学堂によって休憩時間が異なりますが、だいたいお昼すぎには終わるようです。

　授業が終わると、学校帰りに友だちとご飯を食べて帰ったりしていました。国籍の異なる人たちと同じレベルの韓国語で話すので、間違った言葉を使っていたとしても、気後れすることなく楽しく話せます。
　間違えながらも、たくさん話すのでどんどん話す・聞くレベルが上がっていくのを実感しました。
　語学留学をしている間は、同じぐらいの韓国語レベルの人とコミュニケーションをたくさんとることを超絶におすすめします！

　ご飯を食べて家に帰ったら自由時間です。
　先にお話ししたとおり、僕は梨花女子大学、ソウル市立大学、西江大学に付属する3つの語学堂に通ったことがあります。
　どの語学学校もそこまで宿題が多くなかったので、自由時間は多くありました。レベルが上がってくると、次の日の予習をしなければ授業にすらついていけなくなるので、予習時間は必須でしたが……。
　また、語学堂には中間テストと期末テストがあります。テストのある時期は授業が終わってから、語学堂の友だちとカフェで勉強したり、週末は1日中勉強したりなど、高校生や大学生と同じように勉強に明け暮れる日々を送っていました。

テスト期間以外の平日の授業後や週末は、すべて自由な時間です。何をしてもいいので、**「留学期間中にしかできないこと」**をするのがおすすめです。

　語学力を身につけるには、授業ももちろん大切なのですが、韓国人の友だちをつくったり、語学堂に通う多国籍の友だちとたくさんコミュニケーションをとったりすることが何より大切です。

　長期間韓国にいられる機会はなかなかないと思うので、語学留学をされる方はたくさんの人と交流するとよいでしょう。

▷ 語学堂にいる間のアルバイトについて

　先ほども少しお伝えしましたが、語学留学の期間が半年を過ぎると、条件次第では、韓国でアルバイトをすることができます。語学留学生は、授業が月〜金曜日の午前中だけなので、とにかく時間がたくさんあります。海外で働く経験は必ず将来の役に立つので、可能であればぜひ韓国でアルバイトをしてみてください。

> ※語学留学の場合、「時間制就業許可」を申請し、許可を得ることができればアルバイトできるようになります。ただし、学校の成績が悪かったり、出席日数が少なかったりすると許可が出ない場合もあります。また、許可が出たとしても TOPIK の成績次第で就業可能時間も変わるので、アルバイトをしたい人は学業に打ちこみ、TOPIK の試験も受けておきましょう。

　語学留学している方があせり出すのが、帰国が迫っているときです。

　韓国で働きたいけど、就労ビザに切り替えることができない。語学留学後に働きたい仕事が見つからない。そもそも留学後に何をしたいかはっきり決まっていない……。僕が語学留学しているときも、その後の進路に悩んでいる人を多く見かけました。

　次の項目でも説明しますが、日本人が韓国で働くことは容易ではな

く、韓国語を使う仕事に就くのもかなり大変です。

　語学留学中、将来の進路も見すえて自由な時間を活用すると、よりよい語学留学生活を送ることができるでしょう。

▶ 韓国の大学を目指す場合は？

　語学堂に通ったあとに、韓国の大学に通いたい人は、**今後通いたいと思っている大学に付属している語学堂を選ぶ**といいです。希望している大学の語学堂に通うことで大学の雰囲気を味わうことができます。

　また、繁華街に近い大学や静かな街にある大学、駅から近い大学もあれば、駅から遠く勾配の激しい場所にある大学もあるので、どんな環境・立地で学びたいかも考慮に入れておくといいですね。

　大学によってかかる費用も異なり、成績上位の人には奨学金が出る場合もあります。それぞれの語学堂を調べたり実際に通った方の話などをブログや SNS 等で探してみたりして、自分に合いそうな語学堂を選んでみてください。

　語学堂に通わなくても、韓国にある大学や専門大学（日本でいうところの短大・専門学校）等に、直接受験して通うことも可能です。大学受験時に「TOPIK4 級レベル以上」などの資格が必要な大学もある一方で、「受験時の韓国語能力は問わず、卒業までに TOPIK5、6 級以上の取得が必須」などの条件がある学校もあります。通いたい大学の条件をホームページなどで事前に調べておきましょう。

POINT

語学留学は高校卒業以上の資格とお金があれば、誰でも行くことができる。興味がわいたら調べてみよう

STEP 4

韓国で働きたい！

▶ 韓国で働くのはハードルが高い？

　この本を読んでくださっている方の中には、「韓国語を話せるように
なって韓国に住みたい」「韓国で働きたい」「韓国語を使った仕事をした
い」という人もいるでしょう。

　僕の運営するブログに、小学生から「韓国で働きたいです。どうすれ
ばいいですか？」と質問がきたことがあります。

　いつか韓国に住みたい、韓国で働きたいと思うのは、韓国語を勉強す
るときにも、すごくよいモチベーションになります。ただし！　前提と
して知っておいていただきたい現実があります。

　韓国は、世界の中でも**日本語を学んでいる人口が多い国第3位**で、
日本語学習している人が約47万人もいます（国際交流基金「海外の日
本語教育の現状　2021年度日本語教育機関調査」より）。

　**日本語をたくさん学んでいる人が多い韓国で日本人が働くことは、じ
つはとてもハードルが高いのです。**

　たとえば、韓国語がネイティブで日本語ができる韓国人と、日本語が
ネイティブで韓国語ができる外国人（日本人）を比べて、韓国企業はど
ちらを雇いたいと思いますか？

　企業の多くは**「日本語ができる韓国人」**を雇います。

外国人には、就労ビザを与えなければならず、企業側も手続きが大変。そんな労力を使って雇っても、会社を辞めて日本に帰国してしまうリスクもあります。

　同じ能力なら外国人を雇うよりも自国の方を雇う、というのも当然かもしれません。「韓国語ができる日本人」というだけでは、韓国企業にとってメリットは少ないのです。

▶ 韓国企業が雇いたくなる＋αの能力とは？

　でも、「就労ビザを発行してでも雇いたい！」と思ってもらえるような、**韓国語＋αのスキル**を身につけていれば、韓国でも働ける可能性が高くなります。

　僕がワーキングホリデービザを利用して韓国企業で働いていたときは、**WEBデザインの能力**が役に立ちました。

　僕は働いていた2014年当時、ほとんど韓国語を話せませんでした。それでも、ホームページをつくったり、ネットショップを立ち上げたりすることができたので、韓国企業側から、「就労ビザを発行するので、このままずっと働いてほしい」と言われていました。

　ほかにも韓国語＋αの能力の1つとして、**プログラミングができる人**は重宝されます。日本でプログラマーの求人が多いように韓国でも必要とされている人材です。

　さらに今の時代にあった能力で言えば、**「インフルエンサー」の能力**です。

　韓国は、国内だけでなく世界に向けてサービスを展開している企業がたくさんあります。その中で**日本に向けたサービスや商品の販売促進をするために、宣伝する能力**を必要としています。そこで一翼を担うのが

インフルエンサーなのです。

　SNS 等で情報を拡散したり、集客したりできる能力はとても重宝されています。

　韓国で就職活動している方の話によると、日本人の WEB マーケターの求人が多く、応募条件に Instagram 等の SNS 運用経験が必須条件となっているようです。

　時代の流れによって求められる人材は変わってくるので、プログラミングや SNS の運用以外に、他のことがより重宝される可能性もあります。

　韓国国内の企業で働きたい人は、韓国語の能力にプラスして別のスキルも磨いておくと、韓国で働くチャンスが巡ってくるかもしれませんよ！

　そして韓国企業で働くためには E-7 活動（特定活動）ビザが必要です。このビザを取得するには、4 年制大学を卒業していることがほぼ必須条件です。

　卒業する大学は、韓国の大学だけでなく、日本の大学でもいいのですが、日本の大学を卒業した場合は大学院まで卒業をしているか、もしくは大学卒業後、大学で専攻してきた分野で 1 年以上の経歴を持っている必要があります。

　☑ **韓国で働くためのE-7 特定活動ビザの取得要件**

（一般要件 / 下記 3 つの要件のうち 1 つを満たす必要がある）

①導入職種と関連のある分野の修士以上の学位を所持

②導入職種と関連のある分野の学士学位＋1 年以上の該当分野での経歴

③導入職種と関連のある分野で 5 年以上の勤務経歴

ちなみに、僕は４年制大学を卒業していないのですが、日本でWEBデザイナーとして５年以上の経験がありました。③の条件を満たしているので、韓国企業でもWEBデザイナーとして働く予定なら、ビザを発行してもらえる可能性はありました。

　また、３つの要件のどれも満たしていなくても、世界でTOP500に入る大企業に１年以上勤めた経験がある、世界レベルで優秀な大学を卒業または卒業予定など、**「優待特別要件」**を満たしていれば、ビザの取得は可能です。

　日本の４年生大学を卒業していなくても、**韓国の４年制大学を卒業または卒業予定であればビザの取得資格を得られる**ので、韓国で働きたい方は、韓国の４年制大学を卒業するのが近道です。

☑ **優待特別要件**

- 世界TOP500に入る大企業で１年以上専門職種勤務キャリア
- 世界で優秀な大学卒業（または卒業予定）、学士学位所持者（TIME誌TOP200大学またはQS世界大学順位500位以内の大学）
- 韓国国内大学卒業（または卒業予定）、学士以上の学位所持者
- 韓国国内専門大学卒業（または卒業予定）者
- 省庁推薦専門能力を備えた優秀人材
- 高所得専門職優秀人材

など

▶ 日本でも韓国にかかわる仕事は見つかる？

　韓国語を使った仕事をしたいのであれば、日本国内でも十分可能で

す。たくさんの韓国企業が日本に進出しているため、**日本国内の韓国企業**への就職を目指すのもいいでしょう。または、韓国と取引をしている日本企業に就職できれば、覚えた韓国語を活かす機会もあるかもしれません。

さらに韓国ドラマや韓国映画、小説やウェブトゥーン（韓国発の縦読み漫画）など、韓国発のコンテンツが充実しているので、**韓国語を翻訳する仕事**もたくさんあります。

他にも先ほど紹介した、韓国の旅行や美容・コスメ、K-POP アイドルなどを紹介するインフルエンサーの仕事もあります。

がんばり次第で、韓国語を使った仕事に就くことはできます！
まずは韓国語の勉強をコツコツやっていくことがその近道です。
韓国で働きたいなどの夢がある方は、ぜひあきらめずにチャレンジしてみてください！

POINT

韓国国内で働くハードルは少し高い。でも、日本にも韓国に関係する仕事はたくさんある。今コツコツ勉強することが、夢を叶える近道！

STEP 5 韓国語を勉強している人のリアルを見てみよう

▶ どんなふうに韓国語を勉強しているの？

　ここからは、実際に韓国語を勉強している人の生活を見てみましょう。参考になることがあればぜひ、ご自身の韓国語学習に取り入れてみてください。

1 ひろの場合
（32歳男性、韓国語学習歴2年、留学経験なし、TOPIK5級合格）

韓国語の勉強を始めたきっかけ
　韓国ドラマ「梨泰院クラス」にどハマりしたことがきっかけで、韓国語を勉強したいと思うようになりました。パク・セロイ（主人公）と同じ髪型にしようか、いまだに悩んでいます（笑）。

どのように韓国語を勉強したのか
　最初の3カ月はずっとひとりで勉強していました。韓国語を話したいと思ったので、家の近所の韓国語教室に1年半、2週間に一度通っていました。今思えば韓国語教室に通わなくても勉強はできましたが、教科書には書いていない韓国の話などが聞けて楽しかったです。

　朝に勉強するのが好きなので、仕事に行く前に1〜2時間程度勉強をしていました。夜、仕事から帰ってきたら、ランニングをし

て、そのあと韓国語の勉強を１〜２時間程度やっていました。ランニングをすると、頭がさえて勉強に集中できるんですよね。

　週末など時間がある日は、多いときで８〜13時間勉強していました。もともと言語が好きで、パズルをやっているような感覚でした。

　パズルは完成してしまうものですが、言語学習は完成がないパズルをやっているようなもの。遊びの延長線上で、楽しみながら韓国語の勉強を続けることができました。

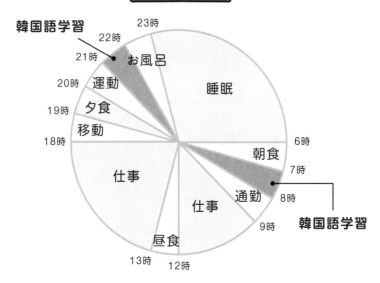

ひろの1日

他にもゲーム感覚で言語学習アプリ**「Duolingo」**（デュオリンゴ）を使ったり、休憩がてら韓国ドラマを見て、わからない単語などがあれば調べたりしていました。

韓国語のレベルはどのくらいになった？

韓国語を2年間勉強して、TOPIK5級に合格しました。

先日、韓国旅行に行ってきたのですが、食事やショッピングに困ることなく楽しめました。

ただ、韓国ドラマ「ヴィンチェンツォ」のロケ地に行ったとき、「ここロケ地ですよね？」とおじいさんに話しかけたら、おじいさんがなんと答えてくれたのか何ひとつわからなくて、そそくさと退散しました（笑）。

韓国旅行には困らなかったけれど、日常会話になるとまだまだわからないことも多くて、5～8割程度の理解力かもしれません。

韓国ドラマも字幕なしではわからないです。5割程度は理解できていると思いますが、すべてを楽しむにはまだまだ単語などを覚える必要がありますね。

韓国語を覚えて、今後はどうする予定？

とりあえず高級レベルまで到達できたので、机に向かって勉強するのはここまででいいかなと思っています。今後も趣味として韓国語を使って、韓国ドラマや韓国旅行を楽しみたいです。

② ももの場合
（26歳女性、韓国語勉強歴3年、語学堂7級卒業、TOPIK6級合格）

韓国語の勉強を始めたきっかけ

2020年4月、コロナ禍中に新社会人として働き始めたのですが、最初のうちはリモートワークで、これからどうなるんだろうと漠然とした不安の中で過ごしていました。外に出られない時間を活用したいという思いから、韓国語を覚えてみようと思い立ち、勉強を始めました。

どのように韓国語を勉強したのか

『できる韓国語』（新大久保語学院著　李志暎著 / アスク）と『改訂版キクタン韓国語』シリーズ（HANA 韓国語教育研究会著 / アルク）を購入し、各レベルの本を 2 周ずつ、くり返し勉強していました。知らなかったことがどんどんわかるようになることや、韓国語が日本語と似ているところなどにおもしろさを感じ、韓国語の勉強にのめりこんでいきました。

　今までやらされてきた勉強とはちがう、自分で勉強したいと思ってやる楽しさがありました。平日は朝早く起きて約 2 時間、夜は約 1 時間、週末になると 1 日中韓国語を勉強する日々を送り、1 年半後には TOPIK6 級に合格することができました。

もももの1日　（留学前）

韓国語学習　22時
21時
お風呂
20時
夕食
19時
移動
18時
仕事
昼食
13時　12時
仕事
通勤
9時
8時
朝食
7時
6時
5時
睡眠
韓国語学習

　コロナ禍で空いた時間がたくさんできたからこそ、こんなに勉強漬けの日々を送ることができたと思います。

次第にもっと会話ができるようになりたいと思うようになり、とても悩みましたが会社を辞めて語学留学することにしました。2022年の夏学期から語学留学へ。留学中は会話の練習に時間を使えるように、机に向かっての勉強は少なめに、なるべく語学堂の友だちや韓国人の友だちと過ごすようにしていました。

　趣味が韓国グルメを食べたり、おしゃれなカフェ巡りをしたりすることだったので、韓国語の会話の勉強もできるし、とても充実した留学生活を送ることができました。

韓国語のレベルはどのくらいになった？

　日常会話はだいぶできるようになり、韓国での生活には困らないようになりました。ただ、翻訳のアルバイトやスタートアップ企業のインタビューのアルバイトをしたときは、本当に大変でした。ビジネス用語や専門的な用語を使う会話は、5〜6割程度しか理解できず、勉強しながらやるしかない状態でした。

　韓国ドラマなど、わかりやすい恋愛ドラマなら字幕なしでも8〜9割程度理解できますが、難しい内容のものだと6割程度。細かいところまでしっかり理解できているとは言えないですね。

韓国語を覚えて、今後はどうする予定？

　留学を終えて、日本にある韓国コスメ企業に就職したものの、日本での韓国コスメや韓国コンテンツの人気を目の当たりにして、韓国で生活したい、という気持ちが再燃しました。ワーキングホリデービザを利用して、もう一度韓国に行く予定です。覚えた韓国語を活かし、現地のコスメや韓国のトレンドを学んで、情報発信活動にも力を入れたいと思っています。

ハングルノート加藤の場合
（38歳男性、韓国語勉強歴10年、語学堂6級卒業）

韓国語の勉強を始めたきっかけ

もともと韓国のことについて何も知らず、関心もなかったのですが、韓国人女性とお付き合いしたことがきっかけで、韓国語を勉強するようになりました。

どのように韓国語を勉強したのか

はじめは小さなノートを買って、勉強したことをメモしたり、単語を覚えるために何度も単語を書いたりして、いつでも見返せるように持ち歩いていました。

途中からノートを使うのではなく、スマホのメモ帳アプリにメモするようになりました。今思えばスマホのメモ帳に入力しておくだけよりも、ノートに書くほうが頭に残ったような気がします。語学留学中は、単語や文法などを iPad に手書きで書きこんで、韓国語を覚えるようにしていました。

参考書も購入しましたが、NAVER 辞典（https://ja.dict.naver.com/）や、韓国の国立国語院が運営している日本語学習辞典（https://krdict.korean.go.kr/jpn/mainAction/）が韓国語の単語の勉強にとても役に立ちました。解説や音声なども聞けるので、単語を勉強するならこれらのサイトを活用するのがおすすめです。

韓国語の文法は『標準韓国語文法辞典』（韓国・国立国語院著 / アルク）がとても役に立ちました。この本の解説で、理解しづらかった文法がわかるようになりました。ただ、目次などが見づらいので、すべてのページを iPad でスキャンして、iPad 上で検索できるようにしていました。

また、**Google のスプレッドシート**は単語を覚えるのにとても便利。オンラインで作成、編集でき、1つの端末からでなく、スマホやタブレット、PC といった複数の端末からリアルタイムに内容を共有して確認できます。

　単語の翻訳の列を非表示にして、韓国語だけを見て意味を答えられるか、といった使い方をしていました。また、指定した範囲をランダムに置き換えられる機能があるので、単語を並べ替えながら、ちゃんと覚えているかもたしかめられます。試験前にとても重宝しました。

　独学のときは仕事が忙しく、1日1時間も韓国語の勉強をすることができていませんでした。韓国で語学留学しているときは、授業の時間以外に1日2時間程度、宿題や予習をして、週末やテスト期間は丸1日韓国語を勉強して過ごしていました。

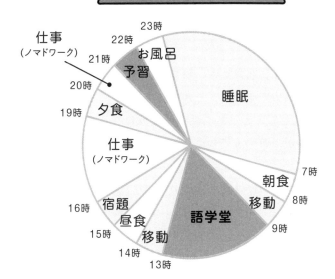

ハングルノート加藤の1日　（留学中）

- 睡眠
- 朝食 7時
- 移動 8時
- 語学堂 9時
- 移動 13時
- 昼食 14時
- 宿題 15時
- 仕事（ノマドワーク）16時
- 夕食 19時
- 仕事（ノマドワーク）20時
- 予習 21時
- お風呂 22時 23時

韓国語のレベルはどのくらいになった？

　韓国に語学留学して高級レベルの6級を卒業しました。韓国旅行や日常会話は、不便なく楽しめます。留学を終えて日本に帰国したあとは、韓国語を使う環境が少なくなってしまいました。韓国語を使い続けたり勉強したりしないと、どんどん忘れてしまいそうだな、と思っているところです。

　韓国ドラマや映画などは6〜7割程度は理解できますが、字幕がなければ楽しめませんね。まだまだ知らない単語や文法があります。でも恋愛リアリティーショーなど、難しい会話が出てこない作品なら8割程度は理解できます。

韓国語を覚えて、今後はどうする予定？

　韓国旅行の情報をもっとわかりやすく日本の方にお届けし、「韓国旅行のことならハングルノート加藤に聞くのが一番！」と言われるようになることが目標です。

これからも韓国の情報、ニュースなどをチェックしたり、韓国の
　　方に直接韓国語でインタビューするために勉強し続けます。

　いかがでしょうか。どれくらい勉強したら、どのレベルまでいけそう
か、自分に当てはめてイメージできましたか？
　人によって覚えるスピードや話せるようになるスピードが異なるの
で、早く韓国語が上達する方もいるし、僕のように時間がかかる方もい
ると思います。
　だからこそ、これだけは覚えておいていただきたいです。

人と比べない！
比べていいのは自分の目的や目標だけ！

　あの人はもうこんなに韓国語ができるようになっているのに、私はい
まだにこんなレベル……と考えないでください。

　他人と比べて韓国語がうまくなることが目標ですか？　そうではない
ですよね。
「韓国ドラマを楽しみたい」「韓国アイドルの話している言葉を理解し
たい」など、それぞれの目的や目標に向かって韓国語を勉強しているわ
けで、他人と実力を比べる必要なんてありません。

　他人は他人。勉強方法や、どのくらい勉強して、その結果どうなった
のかなど、参考になるものは参考にすればいいです。でも、あくまで参
考程度にして、自分の目標に向かって行動することが大事です。

　他人と比較して落ちこむ気持ちはすごくわかります。
　僕が昔、そうだったからです。
　学生時代も頭があまりよくなく、成績もいつも下から数えたほうが早

かったです。

みんなと同じ時間勉強しても、みんなと同じレベルに到達することができませんでした。韓国語だってそうです。みんなと同じ時間勉強しても、みんなと同じレベルには到達していません。留学期間も人よりも多く時間がかかり、ここまでくるのに約10年かかっています。

人と比べていたら、僕はずっと落ちこみ続けることになります。

でも僕は落ちこんでいません。
今は他人と比べないからです。

僕が見ているのは、「自分が立てた目標にどれだけ近づけているか」だけ。

大事なのは他人と比べることではなく、「今の自分」と「目標」を比べることです。

少しでも目標に近づくことができていたら、自分をほめてあげましょう。

韓国語を話したいなら、韓国語を話せる自分を想像しましょう。

自分のペースで楽しむこと。そうすれば、きっとあなたの望んだ未来がやってきますよ！

POINT

人と比べるのではなく、
自分の楽しい未来を想像しよう！

知っておきたい！ 韓国のマナー

　日本と韓国では似ているけれど、異なることがたくさんあります。

　たとえば、食事のときに、日本では箸を横に並べるのが一般的ですが、韓国では縦に置くのが一般的です。他にもご飯を食べるとき、日本ではお茶碗を持って食べることが正しい作法とされていますが、韓国ではお茶碗は持たずに置いたまま食べることが正しい作法とされています。

　また、握手するときは、握手している手と反対の手を、使っている手の手首やひじに添えることが韓国のマナーです。使わないほうの手をぶらんと下げていると失礼になるので、韓国の方と握手するときは手を添えるようにしましょう。

　握手以外にも、ものを渡すときやお酒を注ぐときなども同様に手を添えるのがマナーです。

　日本と韓国はこのようにすごく似ているけれど、ちょっと異なることもあります。

　おたがいの国の礼儀やマナーを知らない場合、「礼儀がなってない！」と思うこともあるかもしれません。ただ、こうした**文化的なちがいを知ることが、相手を尊重することにつながります。**そうすれば、国を超えてもっと仲よくなれるはずです。

「目標」を決めれば行動が変わる

最後まで読んでくださり、ありがとうございます。

本書は僕の長年にわたる韓国語学習の挫折体験をもとに書きました。

そんな僕の挫折の最大のポイントは、**「勉強を続けられないこと」**でした。

韓国語の勉強にかぎらず、「続ける」ことは本当に難しいです。

ダイエットを続けること。

部屋の片付けを続けること。

貯金を続けること。

同じ仕事をやめないで続けること。

はじめはやる気でいっぱいだったのに、そんな気持ちが3日もしないうちに萎えてしまう。

韓国語の勉強をし始めたときは、とても熱心に毎日ノートに単語を書いたり、韓国語の勉強本を読んだりしてがんばっていました。

でも、1カ月も経つと、最初のころの熱心さはなくなり、勉強時間が少なくなり、勉強をあまりしなくなってしまいました。

▶「いつ達成したいか」がモチベーションになる

今ならわかります。勉強を続けていくためにとても重要なこと。

それは、「その目標をいつ達成したいか」です。

「韓国語をちょっとでもわかるようになりたい」

「韓国語を話せるようになりたい」
「韓国ドラマを字幕なしで楽しみたい」
「韓国の人と会話できるようになりたい」

　その目標はいつまでに達成したいのか？
　もしかしたら、そんなにすぐに韓国語は必要ではないかもしれません。

　僕も韓国語の勉強を始めたときは、目標を具体的に決めていませんでした。
　当時、フリーランスのWEBデザイナーとして活動し始めたばかりで仕事が安定しておらず、アルバイトもしながら、韓国にいる彼女のもとに通っていました。
　自分の仕事を安定させなければいけない状況だったので、韓国語を勉強することは仕事よりも当然、優先順位が低かったのです。

　勉強を始めて1年で韓国語を身につけよう、などの目標はなく、5年や10年かけて徐々に身につけていけばいいや、と考えていました。すぐに習得しなければいけない**「必要性がなかった」**のです。
　そういうわけで韓国語の勉強を無理せず、ゆっくり進めていました。

　のんびり勉強をしていた僕が目標を具体的に決めたのは、コロナ禍の前の2019年。そのときは、WEBデザイナーの仕事も安定してきていました。
　韓国に8年通って韓国に関する知識も増えたため、韓国旅行の情報発信を本格的に仕事にして活動しようと決心しました。

　そして2019年11月にYouTube活動も始め、韓国語も韓国に通いながら勉強して、1〜2年でTOPIK6級レベルを目指しました。
　しかしすぐにコロナ禍となり、韓国旅行に行けなくなってしまったた

め、どうしようかと悩んだあげくに、語学留学を決め、2020年6月に語学堂に入学。2022年5月にようやく語学堂6級クラス（TOPIK6級レベル）を卒業することができました。

　長々と僕自身の話をしてしまいましたが、この1冊を通して言いたいことはたった1つです。
「目標を決めれば行動が変わる！」

　勉強を始めたばかりのころは、目標を具体的に決めずにのんびりと勉強していたために成長も本当にゆっくりでした。
　勉強を始めて8年経って、韓国旅行中にメニューの注文や、ホテルのチェックイン、タクシーに乗ることぐらいはできるようになりました。でも、韓国の方と天気の話や道の混み具合など、かんたんな日常会話まではまったくできませんでした。
　それが、目標を具体的に決め、行動が変わったことで韓国語のレベルを一気にレベルアップさせることができました。
　勉強を続けるためには、最初に**「韓国語を勉強する目標」**と**「いつまでにそれを達成するか」**を具体的に決めることが本当に大切です。
　勉強を続けられないなら、目標が今の自分に合っていない可能性があります。その場合は、もっとハードルを低くしてあげましょう。

　楽しみながら勉強できるレベルにハードルを落としてあげて、自分の行動を変えていけるような目標や達成期日に変更すればいい。

　そして、達成期日はあくまで目安で、絶対にその日に達成しなければいけないという期日にしなくてもいい。どんどん変更していいんです。

「目標」や「達成期日」を決める理由は、「今までの行動を変えるため」。
毎日の生活の中に、韓国語の勉強を無理せずに加えて、少しでも前に一歩ずつ進んでいきましょう。

「どうして韓国を好きになったんですか？」

これは、友人やブログ読者、YouTube の視聴者の方によく聞かれる質問です。

きっかけは、間違いなく 7 年と 4 カ月間お付き合いしていた韓国人の元彼女のおかげです。そして、彼女とのお付き合いを通してかかわった、韓国の方々。**韓国の方たちの心の温かさやまっすぐさは、本当に素敵だなと思いました。**

この気持ちを少しでも多くの方に伝えるために、韓国に関する情報発信活動を始めました。そして、いつしか SNS だけでなく「本を出版したい」という夢を持つようになりました。

それが「韓国語の勉強の本を書く」という形で叶うとは、夢にも思いませんでした。

僕よりも韓国語がうまい人は山ほどいます。
僕よりも文章がうまい人は山ほどいます。
僕よりも伝え方がうまい人は山ほどいます。

それでも、韓国語の勉強に 10 年間も苦労した僕にしか言えないことがあると信じて、この本を書き上げました。

この本を通して、韓国語の勉強を続ける方が増え、韓国のことを知るきっかけになってくださったら本望です。

最後に、本書の刊行にあたり、ご協力してくださったみなさまにお礼をお伝えしたいと思います。

「本を出版する」という僕の夢を叶えてくださったダイヤモンド社のみなさま、本書を読みやすく、きれいにまとめてデザインしてくださったおかっぱ製作所の高橋明香さん、かわいいイラストをたくさん描いてくださったイラストレーターの坂木浩子さん、素敵な装丁をつくってくだ

さった tobufune の小口翔平さん、村上佑佳さん、本当にありがとうございました。

　そして、担当編集者の林えりさん、たくさんの韓国に関連する情報発信者がいる中で、僕を見つけて声をかけてくださり、僕の執筆に大変尽力してくださいました。本当に感謝しております。

　そして、本書の刊行に際し、お力添えいただいたすべての方に、心より感謝申し上げます。

2024 年 1 月

ハングルノート加藤

おわりに

［著者］

ハングルノート加藤

韓国語ブログ「ハングルノート」管理人

1985年、愛知県生まれ。27歳のときに、韓国人女性と付き合い始めたことをきっかけに、韓国語の勉強を始める。最初の数年は、韓国語自体にさほど興味を持てず、韓国語がまったく身につかなかった。30歳のときに、ワーキングホリデーを利用して韓国国内の企業で就業（日本語で勤務）。32歳でWeb制作会社を起業。本格的に韓国語を学びたいと思い、35歳で韓国へ語学留学。梨花女子大学校、ソウル市立大学校、西江大学校で修学。37歳のときに、西江大学校語学堂6級を卒業。自身の勉強のメモ帳がわりにつくり始めたブログ「ハングルノート」は、開始8年で月間最大180万PV、60万UUを突破。「勉強のポイントがわかりやすい」「韓国のことがよくわかる」と評判に。韓国旅行YouTuberとしても活動し、人気を集めている。

ブログ　　　　　　https://www.hangul-note.info
X（旧Twitter）　　@hangulnote
Instagram　　　　@hangulnote
YouTube　　　　　https://www.youtube.com/@hangulnote

ゼロからわかる！　楽しく続けられる！

韓国語1年生

2024年 3 月12日　第 1 刷発行
2024年10月 1 日　第 6 刷発行

著　者――ハングルノート加藤
発行所――ダイヤモンド社
　　　　　〒150-8409　東京都渋谷区神宮前 6-12-17
　　　　　https://www.diamond.co.jp/
　　　　　電話／03・5778・7233（編集）　03・5778・7240（販売）

ブックデザイン――小口翔平＋村上佑佳(tobufune)
本文デザイン・DTP――高橋明香(おかっぱ製作所)
装画・本文イラスト――坂木浩子
地図――――(有)木村図芸社、ハングルノート加藤
校正――――円水社
製作進行――ダイヤモンド・グラフィック社
印刷――――ベクトル印刷
製本――――ブックアート
編集担当――林えり